侯江红 著

〔侯江红和大家聊管理孩子健康的智慧〕

小儿生长三个坎儿

中原农民出版社

·郑州·

图书在版编目（CIP）数据

小儿生长三个坎儿 / 侯江红著 . —郑州 : 中原农民出版社，2023.9
ISBN 978-7-5542-2639-1

Ⅰ.①小… Ⅱ.①侯… Ⅲ.①儿童教育-健康教育 Ⅳ.①G479

中国国家版本馆CIP数据核字（2023）第069413号

小儿生长三个坎儿
XIAOER SHENGZHANG SAN GE KANR

出 版 人：刘宏伟
策划编辑：刘培英
责任编辑：柴延红
文字编辑：谢珊珊　莫　为
责任校对：张晓冰
责任印制：孙　瑞
美术编辑：杨　柳
装帧设计：薛　莲

出版发行：中原农民出版社
　　　　　地址：郑州市郑东新区祥盛街 27 号　　邮编：450016
　　　　　电话：0371-65713859（发行部）　0371-65788677
经　　销：全国新华书店
印　　刷：新乡市豫北印务有限公司
开　　本：710 mm×1010 mm　1/16
印　　张：10
字　　数：140 千字
版　　次：2023 年 9 月第 1 版
印　　次：2023 年 9 月第 1 次印刷
定　　价：49.00 元

内容简介

　　作为父母，最期望的是孩子健健康康的，然而孩子老生病、长得慢，这些是家长最为烦恼的事儿。在本书中，专家采用聊天的形式、口语式的语言，对如何让孩子长得好、少生病，若生了小病如何在家自行处理等这些父母所希望学习的内容进行答疑解惑。其实，孩子许多健康问题是可以避免的。小儿很多常见和多发疾病，往往是与过度治疗有关，"过则伤身"，对于小儿更是"伤敌一千，自损八百"。

　　要让孩子长得好、少生病，父母需要把握好孩子生长中的"三个坎儿"！这就像种庄稼一样，第一个坎儿是"选好种、育好苗"，就是为生一个聪明健康的孩子做好孕前准备、孕期保健等；第二个坎儿是"做好田间的水、肥、土管理"，也就是照顾好孩子的吃、睡、玩；第三个坎儿是"防治病虫害"，也就是让孩子少生病。如果以上"三个坎儿"精心调护好了，孩子就可以茁壮成长了。

　　为了方便读者更好地学习养育孩子的知识，书中设置有相关的二维码，读者通过微信扫一扫，就能看到无比精彩的视频讲解。侯教授在视频中讲的内容更全面、更生动，相信你一听就懂哦！

前　言

在这里笔者想给大家提个问题，特别是给孩子的爸爸妈妈提个问题，作为父母，我们能给孩子些什么东西能让其受益终生呢？

作为父母，我们能给孩子受益终生的东西主要有两个：一是给孩子一个好身体；二是给孩子一个好习惯。而这两者之间是密切联系的，概括来说，就是整体健康——大健康，也就是真正意义上的健康。

家长过度强调培养孩子的能力，而忽略了孩子的基本健康素养。如果说孩子会背诗加个"0"，会识字再加个"0"，会弹钢琴再加个"0"，成绩优秀再加个"0"，有其他特长再加个"0"，"0"越多家长就越高兴，可是您想过没有，孩子的健康是众多"0"前面的"1"，"0"前面只有有了"1"，后面的"0"才真正有意义。反过来，如果没有了健康这个"1"，那么后面所有的"0"也就没有意义了。

$$1 + 0 + 0 + 0 + 0 + 0 \cdots\cdots \infty$$

| 健康 | 背诗 | 识字 | 弹钢琴 | 成绩优秀 | 其他特长 | …… | 整体健康 |

扫一扫
更精彩

1

一个孩子真正的健康除了躯体健康，还包括心理健康、道德健康、社会健康、智力健康等。

躯体健康：就是孩子身体没有疾病，体格比较强壮，身高、体重都在正常值范围，从医学这个角度上来讲，还应该包括各脏腑功能正常等。

心理健康：就是孩子性格阳光、开朗，讨人喜欢，没有明显的心理缺陷和性格异常。有良好的心理状态。

道德健康：主要表现为孩子有公德意识，有爱心，品行好，尊老爱幼，有正确的是非观。

社会健康：表现在孩子有良好的社会适应能力、人际交往能力、生活能力等。

智力健康：指孩子的智力发育正常，有正常的思维方式与正常的学习能力，能和同龄孩子保持协调一致，没有明显的偏差。

既然孩子的整体健康如此重要，这又引出了另一个问题，如何让孩子成长为一个真正意义上的健康孩子呢？笔者的观点是这六个字：吃好、睡好、玩好！然而笔者所说的吃好、睡好、玩好与家长们所说的可能会有许多不同，这就是本书中要和家长们聊的重要内容。要想让孩子长得好，家长们首先要思考有哪些因素影响孩子生长，笔者将这些因素总结归纳为三大方面——孩子生长三个坎儿！过好这"三个坎儿"是孩子长得好的关键。如果您的孩子还未成年，那他（她）一定还处在这三个坎儿中，即使他（她）长大了，成年了，成家了，这三个坎儿仍然对其今后家庭孩子的健康指导有着重要意义。

除此之外，笔者还想给家长提两条建议：一是希望家长们每天减少看手机的时间，安静地读些书，给自己"充充电"；二是希望家长们能将自己的阅读和体会分享给其他朋友，并教授给孩子一些相关的知识和方法，让更多的人受益。若是家长能从书中学到一点儿知识，或者改变一个误区，这就很有意义了。下面列举了一些我们身边常有的现象：

有些孩子很容易食积（积食），而有些孩子吃什么都不食积。

有些孩子很容易生病，而有些孩子则很少生病。

有些孩子生病容易出现发热，而有些孩子生病则容易出现咳嗽。

有些孩子在公共场所大吵大闹，而有些孩子彬彬有礼、人见人爱。

有些孩子容易出现各种各样的意外伤害，而有些孩子则不容易发生意外伤害。

有些孩子长得慢，而有些孩子长得快。

有些孩子性格外向，活泼开朗，而有些孩子性格内向，情绪不稳定。

有些孩子已经2岁多了，还走路不稳，很容易摔倒，而有些孩子1岁多就会走路，且走得比较稳。

有些孩子出现各种多动、注意力不集中的现象，而大多数孩子不会出现。

有些孩子社交障碍、情绪异常、胆怯易惊、急躁易怒、暴力倾向明显，而有些孩子自来熟，很容易与周边的孩子们玩到一起。

以上这些问题在我们身边的孩子中会经常发生，这些问题与孩子生长过程的三个坎儿有关，若处理不当，可能会影响孩子的健康成长。人和自然界的万物一样，遵循着自身的生长规律，所以顺应自然才是孩子长得好的智慧。中医认为：人的生长遵循着生、长、化、收、藏的规律，就像种树、种庄稼一样，我们可以把孩子生长的过程与植物的生长过程相类比，孩子长得好是需要经历这三个坎儿的。

侯江红

2022年7月于绿城郑州

目　录

孩子生长的第二个坎儿:
　"做好田间的水、肥、土管理"——让孩子吃好、睡好、玩好!

孩子生长的第三个坎儿：
"防治病虫害"——让孩子少生病的智慧！

孩子生长的第一个坎儿：

『选好种、育好苗』

——备孕期、孕期、坐月子、

孩子出生后的那些事！

　　孩子生长的第一个坎儿：是指准父母从备孕期、孕期、坐月子、孩子出生至一岁的整个过程。这就像种庄稼首先要选好种子，然后选择合适的季节、适宜的温度、良好的土壤才能播种。与人相比，人的出生也是这样，因为这一段时间准父母的健康状态会影响着孩子未来的健康。总之，第一个坎儿包括了现代医学中的备孕期、孕期、围生期（围产期）、新生儿期以及婴儿期。

扫一扫
更精彩

扫一扫
更精彩

备孕期对孩子日后的健康至关重要！

1. "选好种"

这涉及遗传及家族病史的问题，夫妻在备孕的时候就应充分了解父母双方家族的一些病史，有哪些遗传的疾病，有哪些隐性遗传基因缺失的情况，并进行及早检测，因为有些隐性的遗传疾病很容易被忽视，应在医生的帮助下尽量减少遗传相关疾病发生的概率。比如夫妻双方都有肥胖基因，那么将来生出的孩子发生肥胖的概率就很高，提醒备孕夫妻做到早留意、早发现、早阻断、早治疗。

2. 饮食的均衡

尽可能食用天然食物，食物类型也要尽可能均衡，慎用补品。饮食营养既不能不及又不能太过，也就是不挑食，啥都吃一些，喜欢吃的食物不能吃太多。

要保持一个良好的肠胃功能状态，水果也不能吃得太多。有些孕妇特别喜欢吃水果，然而吃过多的水果会伤及肠胃，反而影响到孕妇和将来孩子的健康。尤其要注意经常空腹吃水果更容易损伤肠胃！

3. 规律的睡眠

一是睡眠的节律，二是睡眠的时间，三是睡眠的质量。睡眠能起到储备能量，维持免疫平衡的作用，如果经常熬夜、长期夜班就会影响受孕。女方尤其要注意作息规律，这对孕育过程中的胎儿有着极大的影响。当然，睡眠的质量同样重要，有些时候睡眠时间够了，但是质量不好，比如说经常做梦、睡得比较轻浅、容易醒、醒后难以再入睡等，这都是睡眠质量不好的表现。

4.良好的心情

情绪也影响着健康，两情相悦，男女交媾，才易受孕，也包括静心养神，不急不躁，情绪稳定。就像我们种庄稼，在适合的季节、好的天气、好的土壤情况下，庄稼才容易生根、发芽。这就是为什么新婚夫妇在工作压力大、情绪不好的情况下不易怀孕的原因。

5.环境的影响

是指孕妇的生活环境，也包括工作环境。这里主要强调空气、阳光、氧饱和度、噪声、射线以及天气的影响。这些不良影响很容易被我们忽视，因为这些都和我们的生活息息相关。生活、工作的环境光线不能过强，但是又不能过于昏暗，阳光合适的时候要经常晒晒太阳，同时也要防止周边射线的影响，比如一些大功率的电器或者装修材料的微量射线。曾经有一个刚结婚的女子，是一名财务工作者，她的办公室楼下正好是放射科，由于建筑材料防范射线不达标，她长期受楼下射线的影响，不但造成了不孕，而且导致了再生障碍性贫血。相对恶劣的生活、工作环境，如过度炎热、干燥、寒冷的环境，这都会对孕育胎儿产生不利的影响，尤其是容易被我们忽视的噪声，若孕妇长期处在高分贝噪声环境中，胎儿的发育将存在潜在的危险。在传染病方面，也要多加注意。如在流感高发季节，即便孕妇没有发病，但是长期处于这种充满病毒的环境里面，对胎儿也是会有影响的。

6.药物的影响

对孕妇生活的管理不仅仅是关注吸烟和饮酒的问题，多种药物特别是许多化学药物对胎儿的发育也可能存在影响，这已是大家的共识。所以，孕妇这个时期要做到的是少生病、少吃药。但是，如果孕妇已经生病了，而且症状挺严重，因为怕药物对胎儿有影响不治疗也是不对的。疾病本身同样会影响胎儿的发育，治疗的时候建议使用天然药物，比如孕妇患风寒感冒或受风寒的时候，可以煮一些葱姜汤饮用，发汗祛邪。为了孩子的健康，特别提醒孕妇，平时做好防护，一旦生病还是要看医生的，也可采用食疗方等。

7.运动的影响

孕妇要适当运动，不能过于安逸，当然也不能过于劳累。现实中有不少孕妇在怀孕以后，特别是有过流产、早产病史的孕妇，一旦怀孕会有焦虑不安的情况，这不仅对胎儿的孕育生长有影响，而且对孕妇的健康状态同样有不良影响。适当运动有助于气血的调畅、筋骨的强健、关节的舒利。特别是户外运动，看看自然界的风景，呼吸自然界的清新空气，可以调畅情绪、愉悦心情，心情好了机体免疫功能就好，对提升孕妇的活力非常有益。另外，还要适应四时季节的变化，《黄帝内经》认为"必顺四时而适寒暑"，就是指当热则热，当寒则寒，当汗则汗，不及或者是过分都是不好的。若孕妇夏天长期处于空调或者冬天长期处于暖气的环境中，这对孕妇和胎儿的健康都是非常不利的。我们种庄稼也是这样啊，该有风就得有风，该有雨一定要有雨，庄稼需要经历适度的风雨才能生长良好。如果在生长的季节，气温过高或过低，风过大或过小，雨水过多或过少，对庄稼生长都是非常不利的，必须要有适宜的外部环境，庄稼才能生长良好。胎儿发育和种庄稼的道理是一样的，都深受外界环境变化的影响。

扫一扫
更精彩

孕期会影响孩子健康的因素不单单是吃!

1.孕早期调护

孕早期是指从妊娠开始到妊娠 12 周末的这段时间。这个时期胎儿最容易受多种物理、化学因素的影响，也是最容易流产的时期。孕早期有三个影响孩子健康的因素要注意：第一个是病毒感染、药物或者周边射线的影响。比如说，孕期过多地做 X 线检查或过多地接触微波、射线等，都会对胎儿产生不利的影响。第二个是睡眠和情绪的影响，保持良好的睡眠和心情非常重要。第三个是饮食要保持均衡。孕早期需要的营养是有限的，就像我们种庄稼一样，早期的幼苗不宜施肥太多，备孕期间打好的"底肥"够用了。所谓"底肥"是指在备孕期间，女方应保持一个良好的身体状态，过剩的营养反而会储备在母体内，常常导致母体过度肥胖，而出生的孩子往往体重偏低，也就是说营养都被母亲吸收了，这种孕妇常被民间称为"皮儿厚馅儿少"的包子肚。而孕期母体自身体重随怀孕月份适度增加，往往生出的孩子体重比较理想，民间将这种孕肚称为"皮儿薄馅儿足"。所以孕早期不要大吃大喝，要饮食有节。尤其是零食不断、整天吃个不停、不能节制，这会使孕妇肠胃功能紊乱，脾胃运化能力失常，过度的营养物质被母体吸收，从而导致孕妇肥胖症，反而影响了胎儿的生长，日后也有可能影响到母乳的正常分泌。

孕早期是胎儿形成的关键时期，这个时候若是生病，用药要非常慎重，尤其是患有感冒、流感、风疹、带状疱疹等，这些病大多是由病毒引起的，病毒感染最容易伤害胎儿，可能会造成胎儿发育畸形，甚至流产。治疗应该以自然疗法或中药治疗为主。同时也要避免有放射性的检查项目，避免非必要的孕检。这个时期最好经常做适当的户外运动，多接触大自然，多做日光浴（日光疗法）等。孕期并不是要绝对地避免性生活，但应适度且不要过度激烈，以免损伤胎气。特别提醒的是，有流产或早产病史的孕妇不宜过度运动。此外，孕妇保持良好的情绪是胎儿健康发育的基础。

2.孕中期调护

孕中期是指妊娠 13 周起到 27 周末的这段时间，这个时期胎儿相对稳定一些，就像瓜果一样，胎儿已成形，进入了一个体量渐大的快速增长期。此期药物、射线等因素对胎儿的影响相对小一些，但也不是完全没有。这个时期，是孕妇体重快速增长期，因此孕妇的营养需求也比怀孕早期要多，增加营养就更加重要了，所以此期吃好是最重要的。具体吃什么，仍然是强调均衡饮食，可适当增加动物蛋白质的摄入量，通俗来讲就是此时期要多吃点鱼、虾、肉、蛋、奶，每天适量地添加，时刻切记营养均衡，不要过度。适度地运动，不可太过安逸，保持情绪愉悦，仍然是这个时期不可忽视的。但是，有早产病史的孕妇这个时候应特别注意不要过量运动，运动的强度以运动后不感觉疲劳为宜，这样既有利于胎儿的发育，又有利于孕妇的气血疏通，有助于以后的顺利分娩。

3.孕晚期调护

孕晚期是指妊娠 28 周到 40 周的这段时间。这个时期胎儿已经发育得更接近成熟，也是体重增长最多的一个时期，早产是这个时期的关注点。虽然这个时期出生的孩子存活率相对比较高，但是孩子早产后的机体功能可能会受到影响。临床发现，早产儿日后很多的健康问题与早产相关，早产儿的死亡率也会更高一些。总之，要瓜熟蒂落，避免早产，必须要完成十月怀胎。当然，瓜熟了蒂不落也不行，就是通常说的过期产，这要及时请产科医生处理了。

关于顺产和剖宫产问题，除了一些特殊情况外，笔者更主张自然分娩，自然分娩对孕妇和孩子益处更多。有些特殊情况，比如说产妇先天性宫颈狭窄，或者有其他一些不适合顺产的情况就要及时安排剖宫产。剖宫产的指征有：骨盆绝对狭窄、胎儿过大、明显头盆不称、肩先露或臀先露，尤其是足先露。产力异常、发生病理性宫缩或先兆子宫破裂时，都应该在抑制宫缩的同时行剖宫产术。生产过程中一旦发现严重的胎位异常如胎头呈高直后位、前不均倾位、额先露及颏后位，应停止阴道分娩，立即行剖宫产结束分娩。

关于会阴切开术，也不宜太过！不能为了生产顺利，而造成切口过长。如果创面感染，愈合就会慢，特别是有瘢痕体质的女性更应小心。关于第二次剖宫产，若是第一胎剖宫产，因子宫有瘢痕，平时的围产期保健、接生需要更加注意。

举例

某女士第一胎是剖宫产，第二胎在怀孕后期没有太在意，更没有密切观察，加上孕妇精神紧张，在生产时用力不当，结果造成了子宫破裂。由于没有及早发现，失去了抢救的最佳时机，最终导致母子双亡。所以说，第一胎剖宫产又要第二胎者，产前更要注意，最好在医疗环境下密切观察，一旦有异常情况能及时处置。

关于顺产，顺产是笔者比较鼓励的分娩方式。如果是顺产，也不能粗心大意，应该事先多了解和学习些顺产相关知识，在做围产期保健的时候多问医生有关生产的知识，学习并练习分娩的用力技巧，特别是心理上要做好充分的准备，不能紧张。一些初产妇分娩前听到别人说生产时怎么的疼痛，或看到电视剧中孕妇生产时夸张的表情等，从而产生恐惧心理，生产的时候比较紧张，再加上在分娩的时候用力不当或者用力时机把握得不好，会造成生产困难。因此，孕后期要充分得到围产期保健医生的技术指导。

扫一扫
更精彩

刚出生孩子会出现的健康问题！

1.母乳喂养

（1）母乳喂养的时间：刚出生的孩子应尽早地吃母乳，早吸吮。特别是初产妇，乳头比较紧，孩子吮吸费劲，因为吸不出来奶水，孩子饿了就哭，家长也跟着着急，着急了干脆让孩子喝牛奶（奶粉），孩子一喝牛奶特别省力，很快就吃饱了，越这样孩子越不愿意吃母乳。所以，初产妇乳头紧时可以用吸奶器吸一吸，吸过之后就畅通一些，也可以在哺乳前用热毛巾敷乳房，让乳房局部充血，这样会利于乳汁的分泌。有些新生儿（娩出母体并自脐带结扎起至出生后满 28 天）出生后，可能因为健康问题需要在新生儿室观察几天。孩子在住院的时候总是由护理人员喂牛奶，奶嘴的孔径大，孩子吸吮起来相对省力，而且很容易吃饱，这样孩子出院后回到家里对母乳可能产生拒绝。再加上初期母乳不是很多，这样孩子越不吸吮，母乳越少，一部分产妇没有出月子母乳就没了。这其实是最初没有尽早让孩子充分吸吮母乳所造成的，所以要特别注意。

（2）母乳喂养孩子是否吃饱的判断方法：母乳喂养的孩子，由于年轻的妈妈没有太多的经验，不知道孩子到底够吃不够吃，也不知道孩子是不是吃饱了。

要判断孩子吃饱没有，可以看孩子是不是经常哭闹，如果排除疾病、疼痛、不舒服等原因，还是时常闹人，这就提示孩子可能是饿了。因为新生儿除了吃，大部分时间都在睡觉，如果孩子经常哭闹，吃一小会儿就闹，那一定是没有吃饱，或许是母乳的量不太够，或许是母乳的营养成分很少，孩子饿得很快。

要判断母乳质量好不好，很简单，第一，可以冲些奶粉让孩子吃，吃饱了好长时间都不哭，那说明是母乳不够或质量不好；第二，通过孩子的尿量去判断，孩子所需要的水分主要是靠母乳获取，孩子的尿量正常说明母乳量还是可以的；第三，观察孩子长得快不快，如果孩子开始长得快现在长得慢了，可能是母乳不够或者母乳质量有问题了。如果体重均衡，那就说明母乳量是够吃的，是没问题的。

2.全身发黄

孩子出生后可能会出现一些轻微的黄疸，主要表现是孩子的皮肤比较黄，有时候眼睛也黄，小便也黄，我们通常称为新生儿黄疸。新生儿黄疸有两种情况：一种是生理性的，一种是病理性的。我们在这里谈谈生理性的，孩子通常出生 2 ~ 4 天开始出现黄疸，大概持续半个月，之后黄疸就会慢慢地自然消退。有些孩子黄疸出现得早一点或者持续的时间稍长一些，大多都属正常。通常黄疸只要不是特别严重，我们不提倡过多地干预性治疗。给孩子多喝点水，多排尿，适度让孩子晒太阳，保持孩子肠胃的良好功能状态，孩子的黄疸也会自然消退，不要过多地使用退黄药物。特别提醒的是，家长看到孩子黄疸没有完全消退，怕影响打预防针，就容易着急，常犯的错误是给孩子大量或长时间服用退黄的药物，比如一些中成药，这类退黄的中成药大多性味苦寒，虽然有清热解毒利湿的功效，但用多了可能会影响孩子的肠胃功能，造成孩子腹泻。越是腹泻的孩子，黄疸反而退去得越慢，长时间腹泻还会影响孩子的免疫功能，造成经常感冒、容易患病的现象，所以要特别注意。其他一些治疗黄疸的理疗方法也应谨慎使用！

3.经常鼻子塞

新生儿、婴儿（出生满28天至1周岁），有两个病不太容易得，得了以后又特别不容易好。一个是感冒，一个是腹泻。婴儿一旦发生了感冒，就特别不容易好，它的主要表现是鼻塞（鼻子不通气或不透气），特别是在吃奶的时候，因鼻腔通气不畅，时常用嘴呼吸，一吃奶又堵住嘴了，孩子就特别容易哭闹。这就是为什么会出现孩子饿了就哭，一吃就不哭，吃不了几口就又哭这一现象。对新生儿的这种感冒一般情况下不要过多地用药物治疗，用多了反而会产生许多不良反应。遇到这种情况，通常可以这样处理：第一多保暖；第二多晒太阳；第三给孩子经常泡热水澡；第四用大人的拇指和食指前端搓热或烤热，在孩子的鼻翼两侧反复摩擦按摩一会儿，每天可重复多次。

有关感冒能否泡热水澡的问题，许多家长认为孩子感冒了，原本就是因为受凉了，不敢给孩子洗澡，这其实是错误的！正好相反，感冒了以后经常给孩子泡热水澡，反而能增加全身的血液循环，鼻子也会因为吸入水蒸气而通气。再就是增加了全身血液循环，鼻腔的血流也会加快，鼻腔充血水肿就会减轻，鼻子反而透气了。我们大人也是这样啊，如果你觉得感冒了，鼻子不透气了，泡个热水澡后马上就感觉舒服很多。但是泡澡的时候要注意几个问题：一是给孩子泡澡的时候水温稍微热一点；二是泡的时间稍长一些；三是泡澡的周围环境温度要适当高一些。如果鼻子不通气特别厉害，我们可以用一些中药给孩子滴滴鼻子，比如可以用"复方百部煎"（见本书附录部分），煮一煮，用个小针管吸到里面，然后每个鼻孔每次滴2滴，滴完了马上捏一下鼻翼的两侧，让药水充分沾到鼻腔的内壁上，每天滴3～4次，再加上上面说的处理方法，大多数感冒都能治愈。婴儿的这种感冒通常有三种情况会引起：第一种情况就是大家很熟悉的着凉了，受风了；第二种更多见，往往是我们大人传染给孩子的，因为大人有些感冒，症状不明显，但它仍具有传染孩子的可能性；第三种情况就是有两个孩子的家庭，大孩子喜欢同婴儿玩，老是抱着婴儿亲，这样也很容易把感冒病毒传染给婴儿。所以，婴儿的房间既要保持通风，又要保持一定的温度。白天经常让孩子晒太阳对预防感冒也是很有效的一种方法。

4.长久腹泻

新生儿、婴儿容易患的第二个病就是腹泻，一旦腹泻特别不容易好。主要表现是：大便比较稀，或有泡沫、有奶瓣、有黏液，颜色发绿或黄绿色、蛋花样大便，有些孩子放屁或撒尿都会进出来一点，尿不湿上经常见到大便，这种孩子往往既不耽误吃，也不耽误喝，但腹泻会持续很长时间不容易好，有些家长对此不重视，甚至有些医生把它诊断成母乳性腹泻或者过敏性腹泻，类似这样的诊断特别多。其实，这种腹泻最初是因为肚子着凉，很多时候会诊断为生理性腹泻、母乳性腹泻或者是食物不耐受性腹泻等，医生千万不能轻率地下这些诊断结论。草率诊断的结果就是有些孩子正吃母乳的时候不让吃了，改喂牛奶了，或者是喝牛奶的孩子改喂水解奶粉了，这样实际上对孩子的肠胃功能是一个很大的挑战，容易导致整体营养失衡。这种因为肚子着凉引起的腹泻，虽然不容易好，但也没有必要过度诊疗。现在有很多家长看到孩子这么长时间腹泻还没有好，就十分着急，今天看这个医生，明天看那个医生，看了好长时间也没看好，药物倒是乱用了不少，特别是抗生素过多地使用，结果造成孩子肠道菌群紊乱，反而腹泻更不容易好了。腹泻反反复复长时间不好会影响孩子的免疫功能，日后容易经常生病，而且腹泻久了也会影响孩子体重的增长。

在这里要特别提醒家长们：这种情况不要给孩子过多地去干预性治疗，尽量不要用抗生素。我们可以给孩子吃点益生菌一类的调节肠道菌群的药物，这些药物相对安全，没有太多的副作用。再给孩子热敷一下肚子，比如说用大青盐，就是颗粒比较大的那种食用盐，微波炉或者锅里加热，用厚的棉布包裹以后，经常热敷孩子的肚子，就是以肚脐眼（神阙穴）为中心，等盐包慢慢凉了后看到肚脐周围的皮肤呈现微微的潮红状态，那就说明热敷的温度和时间可以了。有些家长说我们也敷了，可效果不好啊，这是因为每次热敷怕烫着孩子，垫了很多东西，没有达到局部皮肤稍微发红的标准。每天敷 2 ~ 3 次。如果是稍微大一点孩子，比如说 4 个月以后了，腹泻还经常发生，我们要及时地添加辅食。辅食应以粥为主，大米粥、小米粥、玉米粥、面汤都可以，不要老是添加米粉，喂的时候稍微热一点，大多数孩子这种腹泻慢慢就会好起来。

总之，婴儿腹泻一旦发生不太容易立即痊愈，我们不要有病乱投医，过度治疗，否则将导致婴儿肠道菌群的紊乱与机体免疫功能紊乱，引发很多不良反应。

5.湿疹

新生儿发生湿疹比例也是很高的，这跟其体质状态有关系。通常来说，高敏体质状态的孩子更容易发生湿疹。新生儿湿疹可以发生在孩子全身的任何部位，常见于面部、耳后、皮肤褶皱等处。主要表现为皮肤上出现红色皮疹，有轻微的潮红。因为瘙痒孩子经常哭闹，这个很容易判断。我们也可以在网上查查相关的图片，对照一下你就知道这是新生儿湿疹了。

新生儿湿疹的处理：轻微的湿疹不要过多地用药物去干预它，这种湿疹会随着年龄增长，慢慢越来越轻，逐渐自愈。

（1）洗澡：因为新生儿患湿疹，不少家长不敢给孩子洗澡，怕加重病情，这是一个误区。一带"湿"字就不让孩子洗澡了，特别是新生儿代谢旺盛，出汗也比较多，经常不洗澡，汗液在皮肤上出了干，干了再出，反反复复，汗液中的分泌物刺激皮肤，反而会使湿疹加重，因此湿疹并不影响孩子洗澡，反而要多给孩子洗澡，保持皮肤的清洁，以利于湿疹的自愈。患湿疹的孩子，应该穿一些吸汗性、透气性良好的贴身内衣，包被也不要太厚，以免孩子身上经常汗津津的。

（2）衣被厚度适宜：衣被的厚度，以孩子在安静的情况下，手脚是温的，而背部又不潮湿为宜。总之，不要把孩子捂盖得特别严，尤其是冬季。

（3）晒太阳：在天气好的时候，适当让孩子多晒太阳也有利于湿疹的自愈。

（4）**看医生**：如果孩子患有严重的湿疹，那就要看医生了，但要尽量少用激素类的药物。湿疹虽然是表现在外的问题，但是多责之于内部的原因，所以不能单用外用药，内服药治疗往往更有效，"形现于外，而责之于内"讲的就是这个道理。

（5）**多喝水**：还可以让孩子多喝些水，以利于排出体内的内热和"垃圾"，也会减少这种湿疹的发生。

总之，轻微的湿疹可以自愈，不要过多干预，严重的湿疹干预治疗时也要充分考虑药物可能对孩子产生的不良影响。

6.经常哭闹

哭，是新生儿的一种本能，刚出生的孩子我们都知道必须要让他哭，哭啼有利于肺部的扩张，有利于建立肺部自主呼吸功能。平时让孩子适当地哭一场，也是一种正常现象，对新生儿来讲也是一种运动。但是我们家长总是孩子一哭闹就去哄，这样久而久之孩子很早就会形成一种条件反射，大了以后也特别爱哭爱闹。新生儿在生长过程中的生理特征是每天大部分时间处于睡眠状态，每天清醒的时间很短，但是随着年龄增长，清醒的时间会越来越长。新生儿饿了一醒就哭，吃饱了就睡。

（1）**新生儿哭通常有几个特征**：如果孩子经常哭闹，那说明孩子有不舒服的地方，我们要及时请医生看看到底怎么回事，特别是夜里，哭闹了喂奶，吃一点点又睡，又哭、又吃，反复多次，孩子不睡长觉，那这孩子肯定是有问题了。如果是正常饿了的哭闹，我们可以有意识地稍微晚几分钟喂他，叫他稍微哭哭，这对新生儿来讲也是一种锻炼，对孩子的生长发育是有利的。总之，我们不能见不得孩子哭。

（2）**通常孩子生理状态下的哭闹有几种原因**：一是饥饿或口渴；二是所处环境太热或太冷、空气浑浊、声音嘈杂；三是孩子某个地方不舒服或疼痛。若孩子老是莫名其妙地哭闹，检查一下孩子身上有没有哪个地方一摸孩子就哭，不摸他就不哭了，那就要看看这个部位是不是有问题。

　　总之，孩子哭闹了先给孩子全身检查一下，如果并没有检查出什么问题，孩子却仍是哭闹，那就要请求医生帮忙了。白天孩子醒的时候多一些，晚上大部分时间孩子处于睡觉、吃奶状态，如果孩子在晚上反复哭闹一定要注意，大概率是有问题了。孩子哭闹声音如果特别洪亮、特别有劲，即便是孩子有病不舒服了，通常来讲也不算特别严重；如果孩子哭声越来越弱，越来越没力气，那我们要特别注意了。其实哭闹也能反映孩子的健康状态。

扫一扫
更精彩

7.鹅口疮

　　一些孩子出生后会出现一种疾病，我们中医学叫"鹅口疮"或"雪口"，现代医学叫急性假膜型念珠菌性口炎。这种感染有时候在孩子出生以后就会有，因为这种病菌可能在母亲的产道里就有，孩子经过产道时可能会被感染。如果不太严重，也不要过多地去治疗，保持口腔的清洁就行。这种鹅口疮会反反复复发作，它的特点是在口腔两侧的黏膜或舌面上，见到点状、片状或者大片状的白色膜状物，今天多一点明天少一点，通常不影响孩子饮食、睡眠，除非感染比较严重，造成口腔黏膜破损，有刺激疼痛了会影响孩子的吃和睡。这种情况一定要保持孩子口腔的清洁状态，我们通常用些外用药物，比如制霉菌素，把它粉碎以后，用凉开水溶解，用棉签蘸取药液，涂擦孩子的口腔，可以反复多次，即使吃进肚里也没关系，几天后很快就下去了。关键是要避免再次感染，比如用母乳喂养孩子时，要及时把乳头清洗干净。如果是人工喂养，孩子每次使用过的小勺、奶嘴等也要用凉开水清洗干净。另外，不要用过多的口服药物。

8.结膜炎

　　有的孩子出生以后会出现眼屎增多、结膜充血的情况。家长若发现孩子的眼屎特别多，严重的早上起来以后眼睛都睁不开，有黄色或者淡黄色的分泌物将孩子眼睫毛黏结在一起，这就是新生儿结膜炎。新生儿结膜炎是在母体内、分娩时或生产后感染造成的，一旦发病经常会反反复复出现。

该怎么处理呢？给孩子洗脸的时候要用专用的毛巾，也可以用妥布霉素滴眼液、氧氟沙星滴眼液等给孩子滴眼，一天滴 2 ~ 3 次，会很快痊愈，痊愈后还要减少次数持续用一段时间来预防复发。牛奶喂养的孩子更容易患这种结膜炎。中医认为孩子内热比较大，或者是哺乳的妈妈吃过多肉类、干燥煎炸食物，母体内热特别大，也容易造成孩子这种结膜炎的反复发生。哺乳期的妈妈可以适当喝些菊花茶，清清热，会降低孩子患结膜炎的概率。

9.脱水热

新生儿脱水热，是指刚出生的孩子因为体内水分丢失过多而出现的发热现象。体温往往超过 37.5℃ 或 38℃，或者更高一些。孩子出生后离开了母体，环境发生翻天覆地的变化，内在呼气和外在皮肤的蒸发都会带走新生儿体内的水分，再加上环境温度有时会比较高，比如夏季，新生儿体内水分就会丢失多些，如果给孩子补充水分又不太及时，可能会造成新生儿脱水。血液循环的容量减少，散热的介质不足，就可能引起孩子体温升高。又由于新生儿对体温的自我调节能力较差，因此外环境太热或太冷，都会影响新生儿的体温变化。新生儿脱水热是一种生理现象，只要不是特别严重的发热，且状态良好，能吃能喝能睡，一般不需要做过多干预，可以给孩子多喂点水，或补充一点葡萄糖水、生理盐水，或在孩子饥饿的时候先喂点水。尤其要注意夏季或者冬季出生的孩子，环境过热或干燥，都会加重孩子体内水分的丢失。这种情况下应多给孩子补充点水分，同时提醒各位家长不要给孩子穿得太多太厚，捂盖得过严。有些孩子出生在冬季，气温低，家里又没暖气，就容易给孩子捂盖过多，致使孩子出汗过多而造成水分丢失。即使水分不丢失，也要了解新生儿对外界气温变化的自我调节能力差，不像大人热了会自行脱衣服，冷了知道加衣服。

总之，在孩子手脚温温的情况下，衣服尽量不要穿得太多，让孩子从小适应稍微凉一点的环境，这样可以增强孩子的耐寒力。如果经常给孩子捂盖得很严实，小孩子就变成了"温室花朵"，遇到稍微凉一点的环境就很容易着凉生病。特别提醒：千万不要捂着宝宝！

> **举例** 某对年轻的夫妻，孩子刚出生，初为父母，也没什么经验，天气又特别冷，出院后回到出租屋，给孩子包裹得特别严，之后又将孩子放到两个大人被窝的中间，年轻人晚上睡得又特别沉，后来孩子因温度太高出现呼吸急促，加上大量出汗，体内水分丢失过多，最终导致孩子因脱水而死亡。

扫一扫
更精彩

10.孩子洗澡

月子里的孩子是可以洗澡的，但是需要小心脐部感染。脐带早期还没脱落，即使刚脱落局部皮肤也很容易感染病菌，如果不小心碰到脏东西就很容易感染，所以在洗完澡后可以用一些碘伏给局部消消毒，并保持局部的透气，尽量不要覆盖纱布。至于多长时间洗一次澡也没一定的要求，如果是夏天，孩子特别容易出汗就要洗勤一些，如果是冬天就少洗一些，小孩子出生以后多洗澡也利于皮肤保持湿润和皮肤上皮细胞的代谢。但要注意，不宜在孩子刚刚哺乳完就洗，最好在哺乳后的 1 小时到下次哺乳前的 1 小时之间，因为孩子的食管很短，刚吃完奶，在洗澡的过程中很容易出现溢奶！洗澡的水温宜保持在比孩子的体表温度略微热一点的感觉，洗完澡以后要避风，不宜马上吹空调，不宜马上出门。由于洗澡也是一个抚触、接触孩子皮肤的过程，所以尽量由孩子母亲去做。

11.脐带的脱落

脐带结扎良好，局部没有充血水肿，表示脐带处理良好。如果局部出现红肿或者有脓性分泌物，表示脐部有感染的情况。孩子脐带的脱落有早有晚，不必着急，不要勉强，顺其自然，静等"瓜熟蒂落"就好了。时常用点消毒液等涂抹涂抹，每天 2~3 次。消毒脐窝时，如果一根棉签不能擦干净，就多用几根，直到擦净为止。尽量减少孩子哭闹，预防脐疝的形成。

12.胎粪

孩子出生后一段时间内会排泄一些大便，我们通常叫"胎粪""胎便"。胎粪多是绿色或者深绿色，可有少量的黏液。至于什么时候排泄并不确定，通常早哺乳的孩子，胎粪的排泄会出现的早一些。如果孩子哺乳良好，胎粪排泄充分，说明孩子肠胃健康。胎粪排泄也是排泄孩子肠道垃圾、建立自己排便意识的一个过程。如果孩子哺乳挺正常，胎粪排泄却很慢，我们可以给孩子热敷肚子，或者顺时针 3 次，逆时针 1 次反复轻轻揉摩孩子的腹部，刺激胎便及早排出。

孩子出生后的吃、喝、拉、撒、睡等会影响孩子日后的健康！

扫一扫
更精彩

孩子刚刚出生之时，就好像种子破土发芽一样。孩子从出生到 1 岁，也就是新生儿期与婴儿期，这个时期是孩子重要时期，要给孩子打好一个未来的健康基础，"育好苗"就是指这个时期。孩子在母体的时候，其五脏六腑的功能主要依赖于母体而发挥作用。孩子出生后要建立自己独立的各种功能活动，就像种子发芽后它依靠的已经不是种子本身的营养，而是土壤、空气、阳光和水分了。所以孩子必须建立起自己的消化功能、呼吸功能、神经功能、血液循环功能等，也相当于中医脾主运化、肺主肃降、心主血脉、肝主疏泄、肾主封藏的五脏功能。中医认为小儿"脏腑娇嫩，形气未充"，意思是小儿的各种脏腑功能非常的稚嫩娇弱，而且功能活动还不完善、不成熟。然而孩子"生机蓬勃，发育迅速"，孩子的各脏腑功能会快速地向成熟完善方向发展，所以此期的生长发育好坏，关乎孩子未来的健康，此期是孩子健康的基础。因为各功能、各器官、各机体组织均较柔嫩，孩子在此期也极易受外界影响，导致生长发育不良，就好像一个刚刚发芽的小苗，最需要呵护，这期间对孩子来讲，要注意以下几个方面的问题。

1.吃

（1）**母乳是最好的营养**：通常母乳好的话，可以喂到 1 岁或者再稍大一些，要是母乳不好，可以在 10 个月左右断奶，这要根据母亲的情况。若母亲健康状态良好，孩子的肠胃功能状态也好，可以早添加辅食、早断母乳。如果拿不准可以请儿科或儿童保健医生给出建议。现实中有些母亲原本母乳不足或质量不好，还不尽早添加辅食，导致孩子生长缓慢。另一个极端是母乳很好，孩子都上幼儿园了还没断奶，导致孩子肠胃功能较弱，很容易食积。

（2）**母乳喂养**：基本原则是随吃随喂。即孩子饿了就可以随时吃。但是，通常小孩儿吃睡也是有自然规律的，如果孩子是一会儿一醒，一会儿一吃，每次吃一丁点儿，短睡觉频繁而长觉少，那说明孩子可能健康有了问题，应及时请医生帮助。

（3）**母乳不足，及时添加辅食**：如果母乳不足，一是给母亲进行催乳调理；二是及时给孩子添加代母乳，比如说牛奶、米油等；三是及时添加辅食，通常 4 个月的孩子可以开始添加辅食，母乳好的也可以晚到 6 个月添加。

辅食添加的原则：慢慢加，循序渐进，由少到多，由细到粗。如面汤、米油、菜汤、果汁等，渐渐地可以添加米粥、面条、菜泥，包括牛奶。牛奶属于代乳品，即代替母乳的一种食物，但是过度依赖牛奶，不利于锻炼孩子的咀嚼及肠胃功能，长大后容易食积。

> **举例**　　曾有一个 9 岁的孩子，连续患了 10 次肺炎，平均下来也算是每年 1 次还要多。孩子面黄肌瘦，而且急躁易怒，注意力也不太集中，特别容易食积。通过询问，知其主要原因是平时孩子吃饭以喝牛奶为主，牛奶几乎成了他的主食，后来通过调理孩子的肠胃和免疫功能，并改变了他的饮食结构，孩子才慢慢好起来。

充足且质量好的母乳是孩子少生病、生长好的关键！母乳喂养并及时添加辅食是孩子肠胃健康的基础！

（4）**孩子断奶**：给孩子断奶要注意几个前提。一是母乳不足，调理催乳没有效果；二是孩子体重增长不理想；三是母亲身体虚弱或者患有疾病，长时间服药；四是非常明确的母乳质量下降，影响孩子的健康生长；五是 1 岁以后孩子每天的辅食量已经达到总量的 2/3；六是医生判断的存在其他不适宜继续母乳喂养的情况。总之，什么时候断母乳应根据孩子、母亲的具体情况而定。

（5）**羊奶喂养**：羊奶也属于代母乳食物。母乳不足了，虽然有些地方特别是有条件的农村常会给孩子喂些羊奶，它的营养与牛奶类似，还有一些地方会选择用驼奶、牦牛奶，其主要营养成分也大多接近牛奶。但需要注意牛奶仍然是喂养孩子的主要选择，其次才是羊奶、驼奶。羊奶更容易让孩子上火，所以喂羊奶的孩子要经常多喂些水，多让孩子撒尿，这样才会减轻孩子上火的症状。

（6）**水解奶粉喂养**：水解奶粉（乳蛋白部分水解配方奶粉）通常是将牛奶中的大分子蛋白质做适当地分解，分解成更小的成分，便于肠道吸收，用于消化功能不良的小孩，特别是用于肠道功能紊乱不能很好地分解吸收大分子蛋白质而引起腹泻的孩子。需要注意的是，很多孩子腹泻是有病因的，治疗腹泻是主要任务，而不是简单地更换水解奶粉，所以说水解奶粉不是孩子的首选食物。目前，过度推荐水解奶粉这一现象应该得到纠正，我们仍鼓励喝全奶！如果说孩子对普通牛奶过敏，消化不良，那是因为孩子自身消化功能存在问题，我们应该通过调理孩子的肠胃功能状态，让肠胃能很好地分解这些大分子蛋白质，而不是简单地更换水解奶粉，水解奶粉口感不好还容易导致孩子食欲下降，影响生长。

2.喝

（1）**孩子喂水**：孩子是需要喝水的！以母乳喂养为主的孩子其水分主要是从母乳中获取，只要母乳充足，孩子的水分基本是够的，所以说母亲要多喝点汤汤水水的食物，使乳汁水分充足。

孩子需要喂水的原则：一是尿量少或尿黄，说明孩子体内缺水了，要及时地补充水；二是孩子出汗比较多，汗多水分丢失就多，要给孩子及时补充水分；三是天气炎热的时候，比如说夏季气候炎热，通常水分丢失也比较多，需要的水分也多，因此要多补水；四是孩子经常哭闹水分丢失比较多，哭闹会使呼吸加快，这种不显性的失水也会很多；五是患有发热、腹泻、呕吐、呼吸道感染的孩子水分丢失多，应及时补充水分。反过来，如果经常缺水，孩子体内"垃圾"增多，内热偏大，会更容易生病。

（2）**喝水时间**：在喂奶前大约30分钟可以先给孩子喂些水，若是孩子不怎么喝可适当加些糖，但是还是以白开水为主。孩子饿了的时候喂水就相对容易些，稍停后再喂奶或喂饭，因为水分在孩子肠胃吸收还是很快的，并不会影响孩子进食。另外，在添加辅食的时候可以多喂些粥和菜汤，这本身也是一种水分补充。如果孩子的尿量增多了，且尿的颜色是淡黄色或白色，则说明喝水量正好。

（3）喝水种类：

◎白开水。适用于任何情况下的缺水。

◎淡盐水或者淡糖盐水。适用于出汗多、腹泻、呕吐或者新生儿脱水热的孩子。

◎莲（藕）菜水、荸荠水、梨水、百合水。适用于经常患呼吸道疾病的孩子。

◎面汤水、米油水。适用于腹泻、消化不良的孩子。

◎白萝卜水。青皮白萝卜最佳，它具有消食、理气、化痰的作用，适用于消化不良、经常腹胀、食欲不振的孩子。

◎胡萝卜水。可以补充维生素，适用于大便干、消化不良的孩子。

◎艾叶水、枇杷叶水。适用于经常风寒感冒或咳嗽的孩子。

◎白萝卜加生姜水。适用于风寒感冒、寒性咳嗽的孩子。

◎荆芥水。荆芥煮水，适用于患出疹性疾病，如麻疹、风疹、痱子、水痘等疾病的孩子。

◎藿香水。适用于夏季湿热比较重，经常处在空调环境下易感冒孩子的预防和治疗。

◎蒲公英水或者小蓟水。适用于内热比较重，经常患黄水疮、口疮、扁桃体化脓发炎的孩子。

◎生薏苡仁水。适用于水痘、湿疹、尿频或者大便黏腻不爽、湿热比较重的孩子。

扫一扫
更精彩

3.拉

大便是食物的残渣，是体内不需要的垃圾。大便排泄正常与否既能反映孩子的肠胃功能状态，同时也是许多疾病的重要信号，所以说我们了解孩子拉大便的情况，对发现孩子的健康问题有着重要意义。那么家长可以从下面几点观察。

（1）正常大便：呈黄色，形状是条状或者稠糊状，每天 1~2 次，也可能 1~2 天 1 次。大便可以有少量的奶瓣，或者食物残渣，婴儿偶尔几天 1 次大便，甚至 10 天 1 次，只要不经常发生，也不一定当作病考虑。这种情况多见于肥胖孩子，可以通过多喂水，揉揉肚子来促进排便，一般无须给孩子过多的治疗。

（2）保持正常大便：大便通常是条状或者稠糊状，年龄越小，大便的成形度反而越差，也就是说小孩子的大便可以成形，或稠糊状，或偶尔稀糊状。同时，颜色是黄色，过度的黄或发白则不正常。

要保持孩子大便正常要注意几个问题：一是饮食要规律，只有饮食规律了，肠胃活动才能规律，继而排便才会规律；二是多运动，经常让孩子活动，才能增强孩子的肠道蠕动功能，对还不会走路的孩子，逗其玩耍也是一种运动；三是饮食结构要合理，不要过于精细，特别是添加辅食的孩子，过度精细或过多的肉、蛋、奶容易造成大便干结，多吃蔬菜、水果则有利于刺激肠道的蠕动；四是母乳喂养，母亲要多喝水，少吃辛辣刺激、膨化干燥、煎炸的食物，否则的话会造成孩子内热增加而发生便秘；五是养成孩子定时排便的习惯，每次孩子有排便反应的时候，要及时引导孩子排便，慢慢让他形成一种条件反射，否则，孩子想大便了，家长没有及时发现，过了排便时间段，孩子反而不排便了，久了就会造成孩子排便规律的紊乱；六是经常给孩子揉揉肚子，按顺时针 3 次、逆时针 1 次的手法揉摩腹部，可以刺激孩子肠道的蠕动，增强排便；七是排便不好的孩子可以经常热敷肚子，比如用热盐包热敷肚子，或者是给孩子的肚子上垫一条毛巾，用电吹风的热风吹一吹，再揉一揉，这些都有利于孩子排便，但是要注意防烫伤。

（3）大便异常表现：

◎便秘，也就是大便干结或者是如羊粪状或颗粒状，或者虽然大便不干，但是好几天 1 次，颜色较深，或大便特别粗大，或排便很困难。长时间便秘容易导致内热增加、上火，容易患感冒、口腔溃疡、睑腺炎（麦粒肿）、扁桃体发炎等疾病。

◎便黑，指大便颜色发黑，就像柏油一样。排除吃了动物血类食物，提示可能存在肠道出血，要及时请医生诊治。

◎便血，指大便带鲜血或者带血丝。多见于痔疮，内痔或者外痔都会引起大便带血。肠道有息肉了，或者肛门裂口子了，大便会夹带血丝，或者鲜血。

◎果酱样大便，指大便的颜色呈暗红色，像苹果酱一样。排出这种大便的孩子多伴有腹痛、哭闹、呕吐，提示孩子可能得了肠套叠，应紧急请医生诊治。

◎大便稀，指大便不成形，呈稀糊样。多见于消化不良的孩子。若是伴有黏液、黏条，或者白色果冻一样的东西，其间杂有血便，提示可能是肠炎或痢疾，夏天或者秋天更容易患此病。

◎大便稀成水样，或者呈蛋花样，或者淘米水一样，而且量比较多。通常见于秋天容易发生的由病毒引起的腹泻，也叫秋季腹泻。

◎大便像水一样，泡沫比较多。可能是肚子受凉了，风寒腹泻的孩子容易出现类似的大便。

◎大便稀、酸臭比较明显，里面有比较多的食物残渣。吃奶的孩子的大便中如果见到奶瓣较多，表示孩子吃多了，即食积了。

◎饭后立即大便，指孩子刚吃完饭就想大便，有时候饭没吃完就去大便，常常是吃得多、拉得多。这是因为孩子的脾胃比较虚弱，吸收功能不好。

◎大便稀，颜色发绿。或因内热比较大，或者是孩子的食量不足，或提示蛋白质类的食物消化不良。

◎大便呈灰白色。大多见于胆道闭锁，常见于新生儿期间。

◎大便稀或者稠糊状，颜色黄，黏腻不爽快。提示孩子体内湿热较大。

◎大便前干后稀，是指大便前面较干，而后面不成形。多数是脾胃虚弱伴有内热。

（4）腹泻：对孩子来讲，有些腹泻并不是因为肠道出了问题，可能是肠道以外的疾病引起了孩子的腹泻。

◎风寒感冒。受凉了，特别是婴儿，受凉后除了感冒的症状以外，常常伴有腹泻、呕吐。

◎突然受到惊吓，孩子也会腹泻，这种腹泻大便的颜色常常发绿，或者青色。

◎肺炎的孩子会出现腹泻，特别是婴幼儿的毛细支气管型肺炎。这种肺炎多发生于2岁以内，容易同时伴有腹泻，而且有时候腹泻比肺炎好得还要慢。

◎腹部受凉。就是肚子着凉了，或者孩子吃凉食物太多了，容易引起腹泻。

引起腹泻的疾病还有很多，以上都是较为常见的。

（5）排便：建立孩子规律的排便习惯有助于孩子的整体健康。比如孩子早上起来自觉排便。孩子每次大便时，家长注意观察排便前有哪些征兆，比如一些孩子想大便了就会去拉大人的手往卫生间走，或孩子大便前放屁较多，或小孩子有下蹲用力现象等，这时要及时引导孩子自主去排便。等孩子拉完了，大人帮孩子擦干净，然后再递给孩子纸，让孩子自己去擦，大人对其动作进行纠正，反复训练，这样的孩子到了上幼儿园的时候就会自己解决大便的问题了。不要让孩子养成长时间蹲厕习惯。总之，通常2岁以后就应该训练孩子自己解决大便问题了。

4.撒

撒是指孩子的撒尿。小便有着排泄人体代谢废物、清除体内"垃圾"、清泻内热的作用，同时也是许多疾病的一个信号，所以我们应更加注意观察孩子撒尿的情况。

（1）正常小便：孩子正常的小便颜色是淡黄色或者是清水色。喝的水多，尿量多、次数也多，每个孩子不一样，但通常是年龄越小，尿的次数越多，白天小便的次数要多于晚上。早晨起来尿的颜色比较黄些，通常不作为疾病的一个信号，因为经过一晚上尿液的浓缩，晨尿就会更黄些，随后颜色会越来越淡，如果一直发黄才视为异常。晚上尿的次数比平时多，而且量很多，可能是晚上睡前饮入汤和水过多，也不视为异常。如果晚上尿频而且量少，则可能是某种非健康现象，要及时请医生诊断。

扫一扫
更精彩

（2）**防止尿床**：及时发现孩子想要撒尿的一些反应，及时把尿就不容易形成尿床的现象。夜里孩子要撒尿时，往往有频繁翻身、时而哭闹的现象，这可能是孩子想要撒尿了，此时应及时把尿。在孩子的肚脐下到耻骨之间有膨隆，轻轻触摸比较硬，表示膀胱充盈，孩子要撒尿了。

（3）**异常小便**：

◎尿频。尿的次数多，但是量很少，而且多发生在白天，大多是孩子精神紧张，或者是内热比较大导致的。通常我们通过多让孩子饮水，减少孩子的压力，分散注意力，多做户外运动，少吃零食和干燥煎炸的食物等方式调理一下，大多孩子的症状很快就会消失。

◎尿色发白浑浊。有时就像淘米的水一样，不是每次撒尿都会发生，偶尔可以见到这种白尿，尿常规化验会有很多结晶体，多属于消化不良，也就是食积了。出现这种情况注意饮食节制，吃些助消化的药物，消消食就可以了。

◎尿黄。除了晨尿，其他时间的小便也比较黄，多属于内热。如果持续黄色而且比较深，可以见于急性黄疸，要及时请医生诊治。

◎尿红。尿的颜色如洗肉水一样，呈粉红色，提示孩子可能患了急性肾炎，或肾有外伤，要及时请医生诊治。

◎尿的气味特别重。是指尿的气味特别难闻，臊气重，往往是因为食积，肠胃功能紊乱。通常积滞体质状态的孩子更容易出现这种现象。如果尿的气味像烂苹果气味一样，特别是夏季尿撒到地上，看到蚂蚁特别喜欢吸食，有可能是小儿糖尿病。

◎小便清长而且量多。尿色比较清淡，次数也比较多，甚至夜尿次数也比较多，常提示孩子脾肾阳虚。

◎尿少而且较黄，气味重。常提示孩子体内缺水了，出汗过多或腹泻较重的孩子多见这种情况，也可以见于肾功能衰竭少尿期的孩子。

◎尿痛、尿痒。指撒尿的时候疼痛或抓痒，太小的孩子会表现为撒尿时哭闹，稍微大点的孩子就会有准确的表达，这在中医上属于湿热内盛，相当于现代医学的尿路感染，女孩子更容易发生。

（4）**小男孩包皮过长**：有许多家长咨询，医生说小男孩的包皮太长，建议手术切除。通常小男孩的包皮稍长些，只要没有明显不适，又没有频繁的局部感染这种现象，不建议做手术。到了青春期，由于男孩子第二性征的快速发育，很多男孩子包皮就不显得长了。

（5）**小女孩外阴卫生**：有时一些小女孩的阴道会出现少量的分泌物，甚至呈粉红色，但多数较短暂，量也较少，可能是孩子在发育过程中短暂的内分泌紊乱造成的，大多可自愈。密切观察，不要过于急切地去干预治疗。小女孩因其生理特征，外阴局部容易感染细菌、真菌或蛲虫等。家长要经常给孩子做局部清洗，这里要注意用凉开水冲洗就可以，不要过多地用洗涤剂，因为经常用洗涤剂会破坏局部分泌物保护膜的作用，失去皮肤黏膜的保护功能，反而更容易造成感染。内裤要注意宽松，勤换勤晒。小女孩老是抓痒，大多是由于局部的感染，或者局部湿疹，要及时看医生。

5.睡

睡对孩子的成长十分重要。刚出生的孩子，睡就是一种本能，所以刚出生的孩子往往是以睡为主的。除了睡的时长外，睡的节律也是孩子日后建立机体生物钟的主要内容，所以养成良好的睡眠习惯，直接或间接影响着孩子未来的健康。

（1）**睡多长时间**：刚出生的孩子，睡的时间很长，基本上是除了吃，其他的时间几乎都在睡，偶尔会睁开眼睛若有所思，漫无目标地醒一会儿。睡眠有利于孩子自身能量的储备，利于机体组织的生长，通俗地讲就是"长大、长胖"。所以这个时期不要过多地逗玩孩子，打扰他的睡眠，以免影响孩子的生长。这个时期的调护，只需让他吃好、睡好就可以了。随着年龄的增长，睡眠的时间会逐渐减少，孩子需要更多的时间睁开眼睛与外界交流，这有利于孩子的感知、智力、心理的发育。总之，年龄越小睡得越多，2岁以后孩子每天睡眠的时间应在 10 小时左右，因为个体的差异可能多一点儿，也可能少一点，只要与同龄儿没有大的差异都属于正常。

（2）**怎么睡**：其实就是睡眠节律怎么把握。无论孩子大小，晚上是睡眠的主要时间，白天是次要的，而且是年龄越小，这种夜寐昼寤的特征越明显。家长应该尽可能地让孩子睡眠时间规律，特别是睡醒的时间节点与喂奶吃饭的时间正好匹配，这样利于肠胃生物节律与睡眠节律的双重建立，利于孩子健康的成长。至于怎么把握节律，这要依据孩子的不同状态了，也不是每个孩子都是一样的。尽可能地训练孩子不要跨越吃饭的时间，更不能养成"睡颠倒觉"的坏习惯。

（3）**睡的质量**：睡的质量是指小儿睡得是不是好，睡得是不是安稳，睡得是不是沉，通俗地讲就是睡得香不香。如果孩子睡眠的时长够、节律也行，但是睡眠质量不好，同样会影响孩子的健康生长。如果睡眠中翻转比较频繁，一晚上从这头翻到那头，睡得很难受，睡得不安静，或者在睡眠过程中经常地哭闹，梦话也比较多，或者睡得很轻浅容易被惊醒，这都属于睡眠质量不好。

（4）**大人陪睡，还是自己睡**：毫无疑问，陪睡不是好做法！应该让孩子从小养成独立睡眠的习惯，这有利于训练孩子尽早独立生活的能力，也避免大人与小孩相互影响彼此的睡眠。经常有宝妈们抱怨：自从有了孩子就没怎么好好睡过觉！夜里总是处于似睡非睡的状态，老是放心不下，为此身体免疫力也慢慢下降了。睡眠是孩子的一种本能，也是人的自然属性，因此也应该顺其自然，具体讲就是让孩子自己睡！建议刚出生就让孩子独立睡觉，可以让孩子睡在包被里，把包被放在大人的旁边。再大些了可以放在婴儿床里，婴儿床放在大人床的旁边方便大人照顾。不宜将孩子放在大人的被窝里，有时候家长陪睡还可能发生意外伤害。

（5）**衣、被、床、枕**：孩子睡觉应尽量少穿衣服，建议穿宽松柔软的上衣，这样有利于孩子的成长。有些家长怕孩子着凉，特别是天气冷、屋里温度比较低，担心孩子蹬出被窝着凉，总给孩子穿很多的衣服睡觉，其实这是不对的！孩子越容易蹬出被窝越不要给孩子穿太多的衣服。因为穿衣服多，孩子一旦蹬出被窝，在外面很长时间才会感觉到寒冷，才会本能趋身暖和的地方，这样反而受凉的时间长了，着凉感冒的概率更大。而穿薄了他很快就会感觉到冷，就会睡不安稳或本能地往暖和的被窝里钻，家长也会更早地发现，所以提醒家长不要给孩子穿很多的衣服睡觉。若是夏天担心孩子肚子受凉，可以用一条长条毛巾，裹在孩子的肚子上，然后把孩子的手放到毛巾的外边，这样孩子在翻滚的过程中，这个毛巾会一直在肚上缠绕着，就不容易引起肚子受凉了。

至于孩子睡的床，尽量不要太软，这样有利于保证孩子在生长过程中身体生理曲线的形成。枕头既不能太软也不能过硬，枕头也是为了保证孩子形成一个正常的生理曲线，特别是对孩子的头型保持起到很重要的作用。如果枕头特别软，孩子仰卧时间比较长，就很容易形成后脑勺过长；如果枕头特别硬，那孩子的头型就会过于扁平，也不好看，枕头应保持软硬适度。如果说孩子的后脑勺太长了，要给孩子换一个稍微硬一点的枕头，比如说用一本书外边裹上毛巾让孩子当枕头，再将两个毛巾卷放在孩子的两侧耳颈部，就可以起到固定头型的作用，孩子在翻身转头时不容易脱离枕头，对纠正孩子的后脑勺过长有一定的作用。通常保持孩子良好的头型应该在 1 岁以前完成。

（6）**睡姿**：有很多家长总问孩子老是趴着睡，这样睡是否有什么问题呢？其实孩子喜欢怎么睡都没关系，顺其自然就好。但是，如果孩子平时都是这种睡姿，突然又换成另外一种睡姿了，那就要引起我们注意了，要看看是否有健康问题。比如说，孩子近期喜欢屈成一团睡了，或者突然翻腾得特别厉害，大多是肚子不太舒服，可能是食积了；经常把脚伸出被窝外、喜欢将脚挨着凉凉的墙壁、床头，说明孩子内热比较大；总喜欢腹部抱个小枕头睡觉，可能孩子的肠胃不舒服了；总是抱着大人睡觉，多是受到惊吓了，怯弱体质状态的孩子也多见这种睡姿。

6.哭

哭是孩子的一种本能，也是天性。年龄越小，哭这一特点就越明显，也就是说越小越爱哭。同时，哭也是一种特殊的语言，对孩子来说哭有几种情况：一是本能，刚出生的孩子一定要哭，有时候出生孩子不哭，大夫还要拍打刺激一下让孩子哭，目的是让孩子的肺组织尽快地张开，尽快地建立独立的呼吸功能，有利于孩子健康；二是适当哭一下也是一种运动，在哭的时候会伴随全身的肌肉运动，我们家长不能见不得孩子哭，孩子哭不一定都是坏事，家长不要孩子稍微一哭就哄逗摇晃，这会慢慢形成条件反射，造成日后孩子养成稍不满意就哭的坏习惯；三是哭也是一种表达诉求的方式，比如说饥饿、疼痛、寒冷、不舒服、困乏，甚至有情绪了都会哭。常见的非健康哭闹有以下几种：

（1）**饥饿的哭**：是小孩子的一种本能。区别的办法很简单，孩子哭闹了，给孩子哺乳、喂食，或者是喝水，孩子得到满足就马上不哭了，那我们就知道是饿了或是渴了。

（2）**困乏的哭**：就是孩子困极了，在入睡的前期特别难受，就容易哭闹，通常我们叫"闹瞌睡"。所以我们要注意别让孩子极度困乏了才睡觉，那样时间长了，就会造成睡眠前闹瞌睡的不良习惯。

（3）**佝偻病的哭**：就是孩子缺钙了，患佝偻病后，就容易烦躁哭闹。这种孩子多数伴有出汗多，容易受到惊吓，比如声音稍微一大，容易出现惊战发抖、哭闹。

（4）**疼痛的哭**：主要原因是某个部位疼痛了，特别是小孩子无法表达，主要表现形式就是哭。哭闹是各种疼痛的一种特殊语言，比如说口腔溃疡了，一吃东西，孩子就哭闹。肚子痛、头痛都会引起哭闹，我们要及时找出是哪里疼痛引起的。

（5）**不舒服的哭**：比如孩子身体某个部位痒了、肚子胀了、太热了、太冷了，或者蚊虫叮咬了，这都容易造成孩子不舒服而引起哭闹。

（6）**快要生病的哭**：有些孩子平时挺好，某段时间特别爱哭，老是稍微不顺心就哭，情绪明显不好，这就要多观察孩子这段时间大便是否干结，吃奶的孩子是不是这几天爱呛水、呛奶，大一点的孩子老清嗓子，食欲明显差了，晚上睡得特别不安稳，这都可能提示孩子快要生病了。许多疾病的前期表现都是身体不太舒服，表现为孩子情绪特别不稳定，容易闹人，这要密切注意孩子是不是发热了，感冒了，食积了。

（7）**晕车的哭**：多见于体质比较弱的孩子。因为车内空间狭小，空气质量相对也差一些，再加上车处于移动颠簸状态，孩子难受，就会表现为哭闹，烦躁，精神不振，恶心呕吐。

（8）**有情绪的哭**：孩子为了获取某种诉求，比如想要什么玩具、吃什么东西就会哭闹。对于这种哭闹，如果孩子过于无理取闹，就不能满足其要求了，应采取不理、忽略的态度，不要让孩子觉得哭闹就会引起关注、就会得到满足，日后养成不良的习惯。稍微大一点的孩子，我们可以给他讲道理，如果家长过分地溺爱就会造成个别孩子出现癔症性哭闹，甚至哭闹狠了还会出现呼吸暂停现象。从小过于放纵孩子的哭闹，特别是因为情绪造成的哭闹，会造成孩子养成许多不良的习惯，所以我们要注意训练，让孩子明白并不是任何时候都可以随意哭闹。

7.味

是指孩子的味觉，主要是在饮食中的味觉训练。孩子在未长大前，特别是在婴儿期，未完全进入普食喂养阶段，训练孩子养成一个良好的味觉习惯对日后孩子的肠胃，甚至机体健康很是重要。孩子出生后味觉其实已经很灵敏了，比如当给孩子喂苦药的时候他会皱眉，拒绝吞咽，这都表示孩子对味觉已经很敏感了，只是还不太成熟。这个时期不要让孩子经历过度的味觉感，就是口味不要太重，比如过分的咸、甜、酸等，五味不要太过，要偏淡一些。

特别提醒：吃饭和喝水加糖、果汁加糖，或者烹调食物过多地加调味品，这些习惯均不利于孩子良好的味觉功能发育。

清淡口味，"原汁原味"应该是这个时期孩子饮食口味的主旋律。过于厚重的口味，会强烈刺激孩子味觉，对进入辅食阶段的饮食会造成不良影响。当然，也不是让孩子的饮食一点味道都没有，有些家长一点盐都不加，孩子都到1岁了，已经吃辅食很久了口味还一直很淡，这也是不对的。孩子食物口味太单一，会造成日后孩子对食物的味觉过于敏感，养成挑食的坏习惯。有些大人不吃香菜，不吃葱、姜、蒜，我们不要把这种偏食习惯带给孩子，应该训练孩子什么都吃的饮食习惯！总之，口味清淡，不宜太重！

8.嗅

嗅，就是闻气味儿，指小儿的嗅觉功能。孩子对嗅觉的敏感性不是太强，这也是基于孩子对嗅觉的反应不明显，所以大人认为孩子的嗅觉不敏感。但是孩子的嗅觉功能是在不断发育成熟的，因此，保护好孩子的嗅觉功能也十分重要。这要注意以下几个问题：

（1）**保持孩子生活环境空气流通、清新**：避免在异常的气味环境下生活，否则会对孩子嗅觉功能产生不良的影响。有些家长不太注意，特别是冬季，因为气候寒冷，屋内密封比较严，所以孩子生活的室内空气浑浊、气味异常，其实这对孩子良好的嗅觉功能是非常不利的。

（2）**不要让孩子接触非天然及过于强烈的气味**：比如香水、化妆品的气味，烟味、酒味，过浓的室内花香气味，汽油、油漆、煤烟及潮湿环境中发霉的气味等，这对孩子的嗅觉发育都是不利的。

（3）**避免孩子经常性的小感冒**：比如鼻塞、流涕，经常这样会影响孩子鼻黏膜的正常发育，进而影响孩子日后的嗅觉功能，特别是在小感冒后过多频繁使用一些喷鼻子、塞鼻腔的药，经常清洗鼻腔等，这些都会刺激或损伤孩子柔嫩的鼻黏膜，影响孩子未来的嗅觉功能。

特别提醒：孩子生活环境的气味除了不能太过于异常外，还不能让孩子对气味过度敏感。如经常蒙被子睡觉会让孩子呼吸的空气过于浑浊；还有些孩子从小生活在过度清洁的环境里，习惯在家里面大小便，上学后不习惯在学校上厕所，造成大便干结，反而影响了孩子的健康。这就是因为孩子对异常气味的适应能力太差。

扫一扫
更精彩

9.视

视，是指孩子的视力，孩子视力发育是随年龄而逐渐成熟的，应从小训练孩子远近视觉的调节能力，减少视力出现问题的可能性。提醒家长注意下面几个问题：

（1）**要注意孩子生活、玩耍环境的光线：**既不能太强，也不能过于昏暗，要求明亮而柔和。

（2）**视觉的色彩，不可过强、过杂：**花红柳绿、大红大绿、太黑太白均不利于孩子建立对色彩的良好视觉反应。浅绿、粉色、米黄都是较为适宜孩子生活环境的颜色。

（3）**不能长久近距离视物：**应避免孩子长时间或经常性近距离看东西，如近看电视、手机、电脑等，玩玩具也要保持一定的距离。如有些孩子还不会坐、不会站时，躺在床上，家长会给孩子的眼前吊放一个玩具，若玩具离孩子眼睛太近，长期近距离视物，会造成孩子眼肌发育不平衡，成为对视眼。有些孩子睡在窗边，窗户外的树枝、树叶随风移动，孩子老是一侧视物，形成斜视。随着年龄增长，孩子的视觉距离会越来越远，因此不要让孩子长期近距离观看或长时间看某个固定物品。我们发现，有些孩子长大后的对视、斜视，可能跟小时候的这种视觉不平衡有关系。

（4）**不要让孩子经常近距离看书：**这会对孩子眼肌发育产生不利影响。鼓励孩子多看书，养成阅读文字的好习惯，但应保持与书本的合理距离，减少近视、弱视等疾病的发生，并养成良好的阅读行为习惯。

（5）**要经常让孩子到大自然中：**多看一些自然的环境，远望绿地、山脉、大海、草原等自然风光，这对孩子的视觉发育非常有利。同时，也要训练孩子能适应稍加昏暗的环境，锻炼瞳孔的放扩与收缩功能，也时常训练孩子有意识地在昏暗环境下去辨识一些物品，训练孩子眼肌的调节能力。

（6）整体体质的强弱也会影响局部的视觉功能：比如现在的小学生、中学生、大学生戴眼镜的特别多，这跟平时的视觉训练以及整体素质有关。当孩子眼睛出了问题的时候，不要光从局部考虑，也要调理整体素质。患有营养不良、营养不均衡、贫血、佝偻病、疳证等的孩子更容易出现视力的异常。

给宝妈些坐月子的建议！

扫一扫
更精彩

1.产妇月子期间的健康

产妇月子期间的健康，直接或间接影响着孩子日后的健康。因此产妇产后的康复和疾病是孩子生长第一个坎儿的重要影响因素。产妇要注意以下几个方面的问题：

（1）**饮食：**此时的产妇处于哺乳期，宜食含有高蛋白质、适量脂肪的食物。食谱以汤汤水水为主，不可太过油腻，煎炸、辛辣刺激的食物应该少一些，否则会影响产妇的肠胃，使肠胃功能紊乱，乳汁分泌减少，进而影响哺乳。饮食频度可以采取少量多餐的方式，以母亲的饥饿状态酌情而定，但要有规律，把握三个关键：汤、软、热！只有母亲健康饮食，母乳才能分泌正常，孩子才能健康！

（2）**睡眠：**足够的睡眠是保证产妇免疫功能平衡、乳汁分泌充足、精力充沛和情绪稳定的基础。产妇由于要哺乳喂养孩子，因照顾孩子而睡眠时长和质量都得不到保证，特别是当孩子不舒服的时候，或有病的情况下，因睡眠不好而影响母乳的分泌，直接影响孩子的营养，所以应尽量保证母亲足够的睡眠。产妇在月子期间要养成睡短觉、睡觉快的习惯，"见缝插针"地累加自己的睡眠时间。产妇的睡眠特征往往是短睡眠多，长睡眠少，总体睡眠数量不应少于每天 7 小时。

（3）**情绪**：产妇除了饮食、睡眠以外，心情愉快，保持情志调畅是很重要的健康保证，产后要尽可能让产妇保持良好的情绪，减少发怒、思虑、抑郁、烦躁等不良情绪的发生，所有围绕产妇的健康护理都要把情志调畅放在重要位置。一旦发现情志不遂，要及时调理，不可日积月累。可以让产妇听听音乐，增加户外运动，晒太阳，和昔日的闺蜜、同学、同事见见面聊聊天。总之，不要整天闷在家里，甚至几个月不出门，这样很容易造成情绪低落、焦虑抑郁。另外，产妇适当地接触色彩比较清爽的颜色，如粉色、绿色；多呼吸新鲜空气，闻闻花香，比如茉莉花或玫瑰花香；听听鸟鸣，远望绿色的景色等，这都会利于愉悦产妇的心情；适当的甜食也利于调整产妇的情绪。保持产后的大便通畅也是情绪良好的一个内在因素。

（4）**避风寒**："产前一盆火，产后一盆冰"这是一则民间俗语，它的大意是在孩子出生以前，产妇气血旺盛，体质是偏重于热盛；生产中耗伤了大量的气血，产妇气血是相对亏虚的，加上母乳喂养，所以产妇的体质侧重于虚寒状态。因此，产后这个时期特别容易被风寒外感所伤，风、寒、暑、湿、燥、火六气就可能变成六淫成为致病的因素。所以坐月子的产妇比正常人应更多地避风避寒，但是这不意味着就是整天不出门，一点风寒都不能经历，只要适度，在风和日丽的时候让产妇出门转转，晒晒太阳，接触些天地之气，反而利于产妇的康复。

（5）**劳逸结合**：产妇的身体比较虚弱，机体气血亏虚，要以机体静养为主，但是又不能过度安逸，形神都要养，适度活动一下筋骨，利于产后机体的康复。

但无论是运动、干家务还是带孩子，不要某一侧或某个肢体过度地使用，这样很容易造成产后局部部位的疾病，比如有一些产妇老是右侧身体哺乳，日后则右侧肢体容易出现一些问题。总之，无论全身还是局部，运动都要相对均衡，既不能过度安逸，也不能过度劳累。

2.月嫂、月子中心的不足之处

孩子刚出生，产妇身体虚弱，很多家里会聘请月嫂照顾新生儿的吃、喝、拉、撒、睡，或者有些产妇生后直接住进了月子中心。月子中心的护理人员或月嫂受过相应的训练，也熟悉孩子常见的健康问题，这固然利于新生儿和产妇的生活护理及康复，但是也有许多不足之处。孩子出生后，应该跟母亲进行密切的接触，如果孩子出生后完全由月嫂照顾，和母亲的接触就少了许多，这对孩子未来的健康以及情感的培养都是不利的。新生儿虽然长时间处于睡眠状态，但实际上通过哺乳、与母亲的皮肤接触，都能潜移默化受到母亲的影响，对孩子未来的健康成长是有利的。现在一部分年轻父母在生孩子的时候剖宫产，麻醉后睡一觉当妈妈了，生后又由月嫂护理和带教，自己接触得却很少，尤其是母乳不足的产妇，连喂奶的机会都很少，这样一来孩子出生后整个新生儿期，甚至前几个月都是由月嫂，或者保姆，或者家庭其他成员在照顾，大大减少了和母亲的接触，这对孩子身体及心理的健康都是非常不利的。

特别提醒：刚出生的孩子尽可能多和母亲接触，越早越好，越多越好！保姆和家庭其他成员可以做些外围的辅助工作，包括爷爷、奶奶、姥姥、姥爷也不是带教孩子的主体。和孩子密切接触的工作应该尽可能地由母亲和父亲来做，这样非常有利于培养孩子和父母的情感，对孩子以后特别是心理的健康有非常积极的作用。总之，刚出生的孩子父母带最好！

3.要二胎的时间

因个体的差异不同，哺乳期产妇怀孕的概率也是很高的，而且在哺乳期月经再次来潮的时间很难确定。因此在哺乳期，夫妻性生活要充分考虑到怀孕的可能性，如果在这个时期怀孕而不得已人工流产，会进一步伤害尚未完全康复的产妇身体,令产妇气血更加亏虚,进而会影响以后怀孕概率和二胎的健康。所以，通常想要第二胎的父母可以在头胎出生后2～4年考虑，经过2～4年的康复，女性身体会得到充分的恢复，孩子也大一些了。如果说这个时期，妈妈因带教孩子特别的劳累，或身体仍然虚弱，那也可以再延后一段时间。什么时候受孕？在身体状态良好的情况下，任何时间受孕都可以，但最佳的时间还是以春天受孕最为合理。

给保姆带孩子的建议！

扫一扫
更精彩

孩子出生的时候各个功能发育是个从无到有的过程，初期接触的东西，影响着孩子日后的成长，因此孩子由父母带养更为合理，但是因夫妻双方工作的限制，所以多数孩子都是请保姆照看的。因为保姆个人文化水平、习惯及责任心参差不齐，所以请保姆照看对孩子健康成长来说并不是最佳的选择。保姆更多注重的是孩子的生活护理，而对孩子的心理成长帮助很少。大家都知道，父母是孩子的第一任老师，父母应尽可能多地与孩子交流和陪伴，使孩子受父母的影响更多些。保姆带孩子时要注意以下几点：

（1）**多给孩子唱儿歌、讲故事**：刺激孩子的听觉,诱导孩子的语言功能发育。

（2）**生活上要训练和养成良好的习惯**：什么可以教给孩子，什么是不应该教的，及时告知保姆。

（3）**尽量避免在孩子身边说不当的语言**：比如有些保姆在打电话，与其他人聊天时不太注意，会使用一些粗鲁的、不规范的语言，孩子在旁边，会潜移默化地学习和模仿。

给孩子语言发育迟缓的建议！

扫一扫
更精彩

有些孩子语言发育比同龄的孩子稍慢一些，或者是某些词汇表达得不太准确，这和个体的差异有关。如果智力是正常的，也就是通常说的孩子"心里很透气"，那么像这种语言发育稍微迟缓的情况，家长不必着急，随着年龄的增长，孩子会自然而然地改变过来。同时要注意以下几个问题：

○语言发育稍慢一点，家长要不急不躁，不要过于刻意地去纠正，更不能责怪。如果常说"小笨蛋"等类似的话，会给孩子造成较大的心理压力，反而语言发育得更慢，甚至孩子从此不敢说话了。

○多给孩子读书、讲故事、听儿歌。让孩子看些动画片、儿童剧，通过听、看训练孩子的语言学习能力。孩子说对了要及时地给予鼓励和奖励。

○训练时不要过分地强调，或者是专门针对性地训练孩子某些词汇，要在生活中完成，在生活中学习、训练。

给孩子语种训练的建议！

从小训练孩子学习多种语言，尤其是外语或者方言，这是对的，孩子多掌握几种语言，有利于智力的开发，学习能力的提升，以及日后生活、学习、工作的方便，但是要避免急于求成。同时要注意以下几个问题：

◎在孩子语言发育成熟之前还是先以母语教学为主，比如说汉语普通话，父母及家庭成员如果不会普通话，那就先学当地方言也可以，等孩子上了幼儿园和小学后再学习普通话也没什么问题。

◎有条件学习外语的，要在母语表达能力成熟以后再开始，不要在母语还没学会时就教其他语种，使孩子无所适从，或在交流时应用不当，最后反而令孩子不敢说话。通常在孩子三四岁以后可以开始让其学习另一种语言，要一种一种地学，熟练了后再学第二种，避免让孩子同时学多种语言。

◎在训练外语时，应从生活中去学习、去表达，先学会说，再学会认，最后再学会写。不要过于强调语言的专业化训练，早早教孩子学语法，早早学外语的典故、诗歌，其实是没有必要的，毕竟多数孩子学习外语是为了日后工作和生活，而不是要从事专业语言工作。所以要在生活中去学习，侧重训练在生活中应用语言的能力。

孩子生长的第二个坎儿：

『做好田间的水、肥、土管理』

——让孩子吃好、睡好、玩好！

　　孩子生长的第一个坎儿顺利渡过了，也就是说选好种、育好苗了。之后呢？孩子进入了一个快速的生长阶段，就像种庄稼一样，庄稼该长的季节要做好田间管理，这个田间管理就是庄稼生长的三大要素：水、肥、土。水、肥大家都好理解，科学灌水和科学追肥庄稼才能长好，而灌水、追肥的时机不对、种类不对都会影响庄稼的生长，造成收成不好。土就是提高土壤的保水保肥能力，这样庄稼才能很好地生长。对孩子来说，成长的三大要素就是吃、睡、玩，也就是要吃好、睡好、玩好！

　　简单来讲，涉及孩子未来健康成长的三大要素是：吃、睡、玩！过了这个坎儿，孩子才会健康成长！如果我们要想收获肥硕的"庄稼果实"，就要做好庄稼的田间管理，等同于管好孩子的吃、睡、玩！这是孩子健康成长的第二个坎儿！

扫一扫
更精彩

吃好！

吃好，是孩子健康成长的基础，尤其是孩子1岁以后这段时间。孩子不同于大人，大人吃东西是为了维护身体功能的运转和代谢，补充生活工作中的能量消耗，小孩子除了这些作用外，还有身体生长由小到大体量变化的需求。所以，"吃"对于孩子来讲更为迫切，也更显重要！那么，这就引出了两个问题，让孩子吃什么？该怎么吃？

1.吃什么

孩子该吃什么，是家长最为关心的问题。有许多的书籍、文章、讲座都在大谈特谈孩子该吃什么，各执一端，令家长们无所适从，也有些家长依据书上的介绍来喂养孩子，总不得"要领"。对于孩子吃什么，其实既复杂又简单，简单的一句话：什么都吃点儿！就是让孩子食谱广，不偏食，吃什么都不要过量，这就要求孩子要养成各种食物都能吃、不挑食的习惯，包括那些用于调味的葱、姜、蒜等。

2.不吃什么

什么都吃点儿，仍然是要有主有次的。比如北方中原地带是以面食为主，南方以米为主，还有一些其他地方有不同的饮食习惯。总之，孩子仍然以小麦、

43

大米、玉米、小米等为主食。有些孩子喜欢吃蔬菜、水果，但不能将其当成主食，蔬菜、水果仍然是辅助的，肉、蛋、奶也不是主食，吃东西要有主有次。"吃一点儿"就好理解了，就是不过度！无论这种食物多好、多有营养都要适度，都不要单一或持续地吃。这里有几个问题要注意避免，就是下面要谈的七个"过"！

（1）**过好**：简单来讲，不要过度"膏粱厚味"，不要过多摄入高蛋白质、高油脂食物，如鱼、虾、肉类。肉类不能成为孩子饮食的主角，虽然身体生长发育需要补充动物蛋白质和脂肪，但它是辅助的，不能作为主食。过量的油煎食品也属于"过好"的范围。

（2）**过甜**：吃太多糖和甜食，如巧克力，或者吃饭时加糖，喝水时加糖，各种甜品、甜食都不利于健康。一是过甜的味道会刺激孩子的味觉，养成孩子不甜不吃的坏习惯；二是影响孩子的食欲，吃过多的甜食会让人很快有饱胀感，影响了孩子主食的摄入量；三是过度进食甜食导致营养单一；四是过多的甜食有缓滞脾胃的作用，会影响孩子的消化吸收；五是过多的甜食会影响孩子的正常生长，可能导致肥胖，甚至增加成年后糖尿病的患病概率。

（3）**过杂**：基于什么都吃点的观点，有些家长让孩子吃的特别杂乱，孩子一天嘴不停，杂七杂八地乱吃，大人觉得吃到肚里都是本钱，其实吃得过杂会影响肠胃功能，继而影响孩子的健康。所以说，一方面食物应多样化，有利于营养均衡，避免偏差对健康的影响；另一方面，摄入过杂的食物，孩子出现不良反应的概率也会增大，不确定性因素也会增多。

（4）**过偏**：过偏指吃的东西过于单一，比如说有的孩子只喜欢喝牛奶，或者喜欢吃肉，或者喜欢吃海鲜，当然也包括过多地吃水果、蔬菜。婴幼儿长时间吃水解奶粉，也属于饮食过偏这种情况。过偏不利于孩子的营养均衡。

（5）**过细**：过细是指食物过于精细。有的孩子1岁多了，还以牛奶为主食，吃饭总是做得过于稀烂，比如说把水果打成汁或浆，把食材用料理机打碎，这些都易造成孩子膳食纤维摄入不足，而导致便秘。通常孩子出牙以后就要逐渐锻炼其咀嚼食物的能力，应依据年龄的大小遵循由细到粗的原则添加粗粮，不要过细。这样做有以下益处：一是锻炼孩子咀嚼能力；二是利于刺激孩子的肠道蠕动；三是利于刺激孩子消化液的分泌。

（6）**过酸**：是指孩子摄入的酸性食物过多。含酸味的食物，比如说酸奶、酸味的水果，也包括醋和酸性蔬菜。过酸的食物会增加孩子的内热。孩子体内很多时候处于一种弱酸性的环境，因为孩子代谢旺盛，体内产生的酸性"垃圾"比较多，这些"垃圾"蓄积并排泄不足，进而影响健康，甚至导致疾病。尤其是经常咳嗽、感冒、扁桃体发炎的孩子，应注意饮食是否过酸。

（7）**过凉**：一是孩子吃的食物过凉，比如说经常吃凉饭、冷饮、冰激凌，或者总喜欢吃温凉的饭，饭稍微热一点，孩子就不吃；二是经常让孩子吃一些清热泻火的药物，这些药物大多味苦且性寒凉，经常吃会伤及孩子的肠胃，比如说板蓝根、夏桑菊等，这些非处方药品很容易买到，孩子一有内热，家长就买来让孩子吃，内热虽然能减轻一些，但是久而久之，会伤及脾胃；三是腹部受凉，就是肚子不暖和，特别是冬季孩子穿的衣服不贴身，肚子经常受凉，或者夏天吹空调吹到了肚子。

食物过凉	药性过凉	腹部受凉

3.怎么吃饭

当然还有许多各种各样吃饭偏食、挑食的现象，如何改变孩子这些不良的饮食习惯呢？这就要从小训练孩子良好的饮食习惯，什么都吃点，应遵照循序渐进、由少到多、由细到粗的原则，为孩子以后形成大众化口味打下基础，便于以后的生活、学习。

○营养均衡，孩子生长发育需要全面均衡的营养。

○饮食中要包含四气五味，不偏不过，让孩子养成什么口味都吃的习惯。饮食不均衡会影响孩子各项功能的发育，比如有些孩子吃某种食物过敏或者不吃某种调味品，这些现象可能与最初的饮食偏好有关。

○训练孩子适应多种口味，比如有特别气味的蔬菜，像香菜、茼蒿、芹菜等，这些都可以让孩子尝试吃一点，有利于以后孩子的生活。

○吃天然的食物，尽可能避免食物添加剂的不良影响，比如说在牛奶中添加一些非天然的东西，如果孩子老喝这种牛奶就会影响身体健康。

○食物不宜过于细腻，大的孩子可以适当吃一些稍硬、稍粗糙些的食物，锻炼孩子的咀嚼和肠胃功能，形成强健的体魄。

4.怎么吃水果

对于大些的孩子，已经开始普通饮食了，水果吃得也多了起来，但要注意以下几个问题：

○水果不能作为主食，吃多了会过度刺激孩子肠胃，反而影响主食的消化和吸收，会造成孩子吃得多、拉得多，总是不长"膘"。

○饭后吃水果比较好，笔者认为应该吃完饭后接着就吃水果，而不是饭前吃，或者是饭后多长时间吃。饭后马上就吃水果有三个好处：一是清洁口腔；二是刺激肠道的蠕动；三是水果和食物混合后，有利于食物中营养成分的消化吸收。所以，饭后即吃水果是正确吃水果的时间！

◎什么水果都应吃一点儿，不要单一。总是吃某一种水果并不好，水果也应该多样化。

◎应尽量让孩子多吃时令水果，反季节性的水果要适量。

◎应该让孩子多吃其长期生活地域出产的水果，而跨地域的水果要适度。

◎吃水果时不要吃水果泥、水果汁，要让孩子自己咀嚼，锻炼咀嚼功能。当然，小孩子牙齿还没有发育时可以做成果汁或果泥。

◎不要饭前或者两餐之间吃水果，更不宜作为加餐吃。

◎水果吃常温下的水果，只要不是特别凉或刚从冰箱里拿出来就行，也没有必要过度地加温，有些家长把水果烫烫或煮一煮，其实没有必要。

◎寒性、热性的水果都应该吃，也就是说什么水果都吃点。除非有医生的指导，如果孩子是一种偏颇体质状态，或者患某种疾病，或者某种过敏体质状态，吃什么水果应听医嘱。

总之，不偏食，食谱广，五味不过度，水果餐后吃！

5.不吃怎么办

如果孩子什么都不吃呢？就是吃饭不好怎么办？孩子不好好吃饭有这么几种情况：

◎孩子不爱吃饭，对吃饭不感兴趣。

◎吃饭太慢，吃一顿饭要很长时间。

◎吃饭必须喂，必须边讲故事边吃，边看电视边吃，边玩边吃。

◎常常不吃这个，又不吃那个，喜欢吃的东西总是很少。

◎喜欢吃的食物吃很多，不喜欢吃的一点儿都不吃。

◎到吃饭的时候不愿意吃，刚吃完饭不久就喊饿，找零食吃。

"饥不择食"这个成语大家都知道吧，就是指采取饥饿方法训练孩子好好吃饭，孩子出现上面那些不好好吃饭的现象，大都因为从小养成的不良饮食习惯，主要和家长有关！要想改变孩子以往不良的饮食习惯，我们应该做到吃饭三要求：

```
餐    就    定
前    餐    时
备    定    就
时    时    餐
```

（1）**定时就餐**：定时就餐就是整顿吃饭，按时吃饭。孩子一般建议一日 3～4 餐，如果是母乳喂养，或者是以牛奶为主的，也尽量是整顿吃。总之，年龄越大孩子吃饭的次数应该越少。不定时就餐现象主要有：①随饿随吃。这种喂养方法使肠胃的休息与工作没有度，久而久之就会影响肠胃的功能。②少餐多次。孩子最好还是一日 3～4 餐。俗话说"胃口是吃出来的"，吃饭不好的孩子胃口往往比较小，胃口总不好。所以总体上应该让孩子饿透吃饱！比如胃口不好的孩子就是饿几次，他吃的也仅仅比平时稍微多一点，但也多不了很多，因为平时胃口就不好。一般来讲，孩子的早餐时间在早上 7 点左右，午餐时间在中午 11 点半至 12 点半，晚餐时间大体在晚上 6 点左右，要养成按时就餐的好习惯。

（2）**就餐定时**：就餐定时，是指一次吃饭的时间要有时间限制，不能一顿饭吃很长时间。有些孩子一顿饭吃很长时间，甚至中间还要再加热，更夸张的是从早饭几乎吃到了午饭，大人端着碗追着喂孩子，这种习惯非常不好。还有一种情况是吃饭很慢，吃一口饭在嘴里面转半天咽不下。再就是吃饭时吃吃停停，不喂不吃。其实，我们发现吃饭吃多的孩子总是吃饭比较快，吃饭慢的大多是吃饭比较少的。通常吃一顿饭的时间大约是 30 分钟，不要超过这个时间，我们提倡的做法是：到点结束，过点收碗！慢慢训练孩子把吃饭控制在 30 分钟以内完成。但是也不能太快，咀嚼不够充分会影响到食物的消化。

（3）**餐前备时**：餐前备时，是指吃饭前要让孩子的肠胃有一个准备的时间，这里主要指早晨起床不要让孩子马上就餐，要间隔一定的时间，让肠胃有个准备。就像我们汽车的发动机一样，还没有预热好就启动对"发动机"不好。小孩子吃饭也是这样，匆匆忙忙吃进去了也不容易消化。我们经常见到一些家长：早上为了让孩子多睡一会儿，做好饭晾凉，把孩子叫起来，匆匆擦把脸就让孩子坐到饭桌前，这个时候孩子还没有完全清醒，又赶着上学或去幼儿园，大人不停地催促快吃，甚至责骂，孩子一点食欲也没有，吃不下或者吃得少，有时候吃急了又容易吐。另外一种情况是孩子在剧烈运动后不要马上进餐，也要有一个等待时间。比如说孩子在院里玩得满头大汗，家长做好饭把孩子喊回来，立马就坐到了饭桌前，这和早上急着吃早餐有些类似，只是原理正好相反，"发动机"还处于高速运转状态，肠胃还没有完全做好消化食物的准备，这时候填鸭式吃饭，同样容易导致不消化。建议孩子活动后，让他平静一会儿再吃饭。还有一种情况，餐后马上睡觉，有些孩子有睡前吃东西的习惯，吃了许多食物后马上睡觉，容易消化不良。肠胃就像我们人一样，有工作也要有休息，该工作时工作，该休息时休息，睡前吃东西就会导致人睡了胃还要工作，久而久之造成肠胃功能紊乱。习惯按时吃饭，让肠胃形成一种生物条件反射。就像我们大人，因为长期规律的饮食习惯，你会发现在 11 点的时候还不怎么饿，1 小时后马上就觉得饿了。这就是长期在 12 点左右进餐形成的一种"肠胃生物钟"。我们也要让孩子养成这种良好的肠胃生物钟。

6.吃饭时常见的问题

◎ 有些孩子喜欢吃干饭，不喜欢喝汤，不喜欢喝粥，比如说老吃干米饭、干馒头。

◎ 一些孩子只吃汤浇米饭，不吃菜。

◎ 更多的孩子喜欢吃荤菜，不喜欢吃素菜，老吃鱼、虾、肉，不怎么吃青菜，或者只吃少数几种的蔬菜。

◎ 有的孩子吃蔬菜只喜欢吃马铃薯（土豆）、菜花，或者是肉类只吃鱼肉。

◎有的孩子只喜欢喝牛奶，不怎么喜欢吃饭。

7.吃饭的环境要求

自主就餐　安静就餐　愉悦就餐

（1）自主就餐：建议孩子在 2 岁以后就要学会独立吃饭。在这之前我们要多训练，让孩子逐步掌握各种餐具的使用方法，不要老是大人去喂，虽然孩子一开始容易把饭洒出来或弄到身上，只要多训练就会熟能生巧了，要多示范，教孩子学会吃多种形式的食物。比如说教孩子怎么喝汤、怎么吃鱼、怎么吃包子、怎么吃饺子等，慢慢孩子自己就会熟练地吃饭了，孩子是非常愿意学习的。

（2）安静就餐：就是让孩子在吃饭时候不讲话，不听故事，不看电视，不玩玩具，专心吃饭。特别要注意的是：边吃饭边说话很容易将饭呛入气管引起意外！

（3）愉悦就餐：就是让孩子处于愉悦高兴的状态下吃饭。吃饭是件高兴的事，在吃饭的时候不要逼着孩子吃，更不能责骂、体罚孩子，否则，久而久之孩子就觉得吃饭不是个高兴的事儿，对吃饭产生恐惧心理，进而厌食。

举例　　一位家长，第一次看中医，我问孩子中药能吃吗？妈妈说我们孩子吃药比吃饭容易多了，那这是为什么呢？难道药比饭好吃吗？显然不是！因为孩子每次吃饭的时候经常被逼、被责骂，孩子觉得吃饭是个不愉悦的事儿，而吃药总是得到鼓励、得到奖励，所以他就认为吃药比吃饭心情愉悦。这就是要求孩子愉悦就餐的道理！

如果在吃饭的时候常常责怪甚至打骂孩子，孩子吃一顿饭，斗智斗勇，跟打仗似的，感觉吃顿饭很费劲。家长总这样讲：吃个饭怎么这么慢！这个必须吃完！不能剩下！不饿也得吃！对孩子来说，吃饭成了一件不高兴的事情，轻则挨骂，重则挨揍，久而久之，孩子对吃饭产生了厌恶惧怕！药虽苦，没有责骂，更没有体罚。在这里给家长讲一个道理，每个孩子都喜欢去动物园，假如我们每周都带着孩子到动物园，想玩什么、想吃什么都可以，完全满足孩子的要求，但是玩完了，出了动物园的门，你把孩子揍一顿，第二周还这样重复，那么第三周你再提去动物园，孩子肯定就会着急害怕。吃饭亦是如此，不要让孩子觉得吃饭是件很难受的事，或很不高兴的事，要让孩子有一个愉悦的就餐环境。

小儿厌食在现代医学通常在儿童心理门诊就诊，就是认为小儿厌食是心理因素造成的。甚至许多异食症、疳证也是由于长期就餐环境不愉悦所造成的。中医用"食后击鼓"的方法治疗小儿厌食，就是指让孩子吃饭时有个轻松愉悦的环境，让孩子在开心的情绪下吃饭。

8.教会孩子自己吃饭

◎ 2岁前让孩子认识、把拿常用的餐具，并逐渐地学会独立使用。

◎多给孩子示范怎么用餐具以及吃饭的动作，反复训练。

◎孩子弄洒了饭，不要责骂，要正确引导，交代其下次要注意。

◎训练孩子吃饭选用不同的餐具，比如让孩子喝汤选用汤勺，夹菜选用筷子，不能把筷子长时间放在嘴里。

◎教孩子学会小心吃较烫的食物，比如饺子、汤圆等。

◎训练孩子如何将盘子里的菜夹到自己的碗里，不浪费食物。

总之，2岁后的孩子应学会独立就餐。这里还要强调以下几点：一是训练孩子适应多种食物的口味，包括葱、姜、蒜等；二是训练孩子饮食卫生的习惯；三是教大孩子学会认识食物、食材，教上小学的孩子学会做几样简单的饭。有一次笔者在讲课，许多听课家长的孩子都上了小学或初中，当问到如果你生病了，想吃药，没有开水，有谁的孩子会烧开水？又有哪个家长敢让自己的孩子去烧开水？结果没有人举手！培养孩子生活适应能力，训练大孩子学会几个简单的饭菜是有益孩子整体健康的。我曾看到一个笑话，姑娘已经结婚嫁人了，突然有一天想做饭，给她妈妈打电话问西红柿炒鸡蛋怎么做，妈妈说三个鸡蛋、四个西红柿，马上镜头一转就看到姑娘在锅里放了不破皮的鸡蛋和整个西红柿在翻炒。虽然是笑话，但体现出了许多孩子从小缺乏相关的训练。

扫一扫
更精彩

9.吃饭时的注意点

◎提高孩子在外就餐的安全意识，让孩子感知腐败食物的气味，避免在饥饿情况下吃不新鲜的食物。孩子逐渐长大后在外面吃饭的机会就多了，应该让孩子知道哪些是腐败食物，腐败食物是不可以吃的。

◎提醒孩子吃哪些食物要有节制，比如说凉食、过咸的食物等，要荤素搭配，吃饭时候要先吃热食后吃凉食。

◎咀嚼食物要充分，避免"囫囵吞枣"，否则不利于消化。

◎从小训练孩子吃不同的食物，让孩子学会剔出骨头、鱼刺，避免卡到喉咙。

◎吃水果时注意果核不能吃到肚子里等。

◎训练孩子如何规避气道梗阻，比如说话、哭闹时候不要吃饭，吃枣、樱桃、坚果等食物时要注意安全问题，避免吸入气道。

◎训练孩子学会吃不同类型的餐食，比如西餐、中餐等。

10.就餐礼仪

孩子在外或参加家庭以外的就餐，我们应该教会孩子一些有关的就餐礼仪。学习和训练就餐礼仪对孩子的成长，特别是对心理健康是有益的。

◎定时就餐也是礼仪之一，从小培养孩子按时吃饭的习惯，不到时间不吃东西，在外就餐要听从长辈的就餐时间要求。

◎很多人在一起吃饭的时候，大人同意后才可以开始吃，不要让孩子养成坐到饭桌上连看都不看，伸手就抓的习惯。

◎吃饭时不要让孩子大声喧哗吵闹，或者是吃饭时声音特别大。

◎教育孩子不要挑菜，不要总是找自己喜欢的菜吃，不能把喜欢吃的东西老放在自己面前。

◎养成孩子遇到长辈礼让的习惯，新上的菜要先礼让长辈，通常爸爸妈妈要做好示范。

◎学会节俭，不浪费食物。有些孩子夹了菜吃一口就放下了，或者剩下很多食物，特别是在吃自助餐的时候尤其要注意。

◎避免孩子养成就餐时边玩边吃的习惯。

◎养成使用公筷的习惯。

◎孩子吃完了以后不要在餐厅里乱跑打闹，以免影响他人用餐。

11.食品安全

吃各种各样的食品是孩子成长过程中重要的内容，所以，不仅吃好、吃对十分重要，吃得安全更重要。

（1）**吃东西要适量**：有的孩子肠胃功能不好，有的孩子肠胃功能好，有的吃肉没事儿，有的则不消化或食积，这就要因人而异。总之，留得三分饥就会少生病。

（2）**教会孩子剩菜剩饭的安全问题**：剩菜剩饭在什么情况下可以吃，什么情况下不可以吃，哪些剩饭要充分加热才能吃，这些常识在平时要注意教导孩子。

（3）**教会孩子认识一些腐败不能吃的食物**：如果遇到变馊的食品，可让孩子闻一闻，甚至尝一尝，让其识别这种变质食物是不能吃的。同时要让孩子了解哪些食物容易腐败，比如奶制品、羊肉、鱼肉等。有的孩子吃了不卫生的东西导致腹泻，追问家长，家长不知道怎么回事，后来才知道是因为孩子喜欢吃某种食物，偷偷存放了起来，食物已经腐败了孩子也不知道，吃后导致生病。

（4）吃新鲜的水果和蔬菜：教孩子学会识别哪些水果是完全成熟的。不知名的野生水果、野菜、蘑菇等要让孩子学会识别，知道哪些可以吃，哪些不可以吃。带孩子在野外活动的时候，就应教孩子一些相关的常识。

（5）吃饭时避免烫伤是最应该教会孩子的内容：在意外伤害中烫伤发生的概率是很高的。特别是在孩子饿的时候，因为着急吃饭，就很容易发生意外烫伤。家长可以拉着孩子的手轻轻触摸较热的饭碗，让他感觉一下，教会他如何用小匙试尝热汤。总之，平时教孩子体验烫的感觉，可在一定程度上避免孩子烫伤。

12.食积的几个信号

扫一扫
更精彩

孩子吃东西不知道节制，爱吃的吃很多，这样容易产生食积，食积了就容易生病，这就要求我们家长应该知道孩子什么样情况下是食积了。

（1）食欲下降：就是饭量比平时少了很多。孩子的胃口平时变化不会太大，一般不需要处理。但如果孩子突然食欲明显下降了，那就说明食积了。要避免孩子食积就应该注意5个"越"：食积后胃口不好，孩子会更愿意吃些香的、口味重的食物，这时就要反其道而行之了，越要清淡饮食，越要少量饮食，越不要强迫吃，越不要变着花样吃，越不要重口味，让肠胃有一个休息和自我恢复的过程。现实生活中，不少家长总是在孩子胃口不好的时候，想方设法地、变着花样地让孩子吃，如此，食积恢复更慢，甚至加重。

（2）**口气酸臭**：早上起床时特别明显，严重时可能全天口气都很重。由于口气臭不是源于口腔，因此通过刷牙很难减轻。这种口气其实是来源于孩子的肠胃，提示孩子食积了！提醒家长们：早上起床，给孩子穿衣服的时候凑到嘴边闻一闻，感觉一下口气是不是特别重，若是则孩子可能食积了，当天的饮食就要特别注意。

（3）**腹部不适**：孩子时不时吵着说肚子不太舒服；如果是肚子痛、恶心，有些严重的还会呕吐、腹泻，这都表明孩子食积了。

（4）**磨牙**：睡觉的时候更明显。偶尔磨牙我们不作异常考虑，如果孩子平时不怎么磨牙，这几天磨牙特别明显，提示可能食积了；如果晚上睡觉不安稳，或者睡觉易惊、易哭闹，也都提示孩子可能食积了。

（5）**情绪不好**：若是孩子这几天特别爱闹人、爱哭，或者烦躁，或者情绪低落，提示肠胃出了问题。食积可能会导致孩子情绪失常。

（6）**舌苔异常**：经常看看孩子的舌苔是不是又白、又厚、又腻，若是，提示可能食积了。舌苔白、厚、腻越明显，表示食积越重，此时若不加以调理和节制饮食，孩子很容易生病。舌苔的异常很多时候是孩子患病前期的重要信号。

（7）**明显的腹胀**：时常拍拍孩子的肚子是不是胀气，若听到孩子的肚子像拍鼓一样的声音，这就是腹胀，提示孩子食积了。腹胀也是孩子患病前期的重要信号。

13.食积能引起的疾病

家长们都知道，食积是孩子经常发生的一种现象，可以认为是吃多了或者消化不好了，孩子跟大人不一样，饮食上不能自我节制，而且孩子喜欢吃零食，对饮食不当所造成的问题没有识别能力，所以孩子食积是常常发生的事情。我们知道，食积可以引起很多疾病，也就是说，很多疾病往往是因为食积导致或者由食积诱发的。我们有必要了解食积会引起哪些疾病，以便提早预防。

◎食积可以引起发热，中医叫伤食发热（食热证）。

◎食积容易引起感冒，中医叫感冒夹滞。

◎食积可以引起咳嗽，或者加重咳嗽，中医叫食咳。

◎食积可以诱发哮喘，也可以使哮喘加重。

◎食积可以引起腹痛、腹泻、呕吐。

◎食积可以引起或加重湿疹、荨麻疹的发生。

◎严重的食积可以引起小儿厥证，这就是我们通常说的小儿厥证中的食厥，也可以诱发癫痫。

◎长期食积可以引起疳证、厌食、异食症。

◎长期食积可以引起抽动障碍、多动症。

◎长期食积可以影响孩子的生长，身高和体重不达标。

◎长期食积可以引起皮肤粗糙、瘙痒，指（趾）甲上长白斑、白点。

◎长期食积可以引起视力的异常，也就是说有些孩子眼睛不好可能是因为长时间食积造成的。

◎长期食积的孩子更容易哭闹、发脾气。

扫一扫
更精彩

睡好！

前面的内容我们已经讲到了孩子出生后到婴儿期的睡眠要求，"睡好"是孩子健康的重要因素。同时，"睡好"也是过好第二个坎儿的重要影响因素。"睡好"更强调"育好苗"之后，稍微大些孩子的睡眠，是这个时期"田间管理"的三大要素之一。

1.睡好的重要性

我们都知道睡眠是孩子的一种本能，是必须有的。好的睡眠对孩子健康有以下好处：

○睡眠有储备和补充身体能量的作用。

○睡眠有保持和增强人体免疫功能的作用。

○睡眠有促进孩子生长和发育的作用。

○睡眠有促进孩子心理健康发育的作用。

○睡眠具有保护大脑功能的作用，人们大脑的注意力、情绪思维能力、判断能力、反应能力都和睡眠有关。

○睡眠能延缓衰老，有益长寿。

○睡眠与皮肤、头发的润泽相关。

2.睡好的标准

既然睡眠这么重要,那么怎么样才算是好的睡眠?它涉及三个方面的因素:睡眠的时间、睡眠的质量、睡眠的节律。

(1)睡眠的时间:指每天睡多长时间。不同孩子睡眠的时间是不同的,但大体上是年龄越小睡眠时间越长,通常新生儿每天睡眠在 18 ~ 20 小时,2 岁以前 11 ~ 15 小时,2 岁以后 10 ~ 13 小时。那么您的孩子到底睡多久合适呢?这里有个基本的判断:一是孩子的睡眠跟平时的时间差异不大,不能有太大的波动,波动大了就是有问题了;二是孩子睡醒以后不闹人,精力旺盛;三是孩子的饮食良好,吃饭是否好可以间接反映孩子睡眠的好坏。但孩子睡得过多也不好。

◎嗜睡,就是孩子睡眠太多,或者某个阶段睡得多,或者睡眠一直都比同龄的孩子要多,这多见于肥胖的孩子,或者孩子生病了,例如感冒、发热、脱水、肠胃不舒服等,这些病容易出现精神疲惫,总想睡觉。

◎如果孩子有外伤史,随后出现孩子总想睡觉或者嗜睡,那就提示问题很严重,要及时请医生诊治。

◎如果夜里睡觉睡得非常沉,不容易叫醒,多见于遗尿的孩子,或者是白天孩子过度兴奋,玩游戏、看电视、看电影的时间过长。

◎平素痰湿体质、阳虚体质的孩子睡眠偏多一些。

◎如果孩子偶尔睡眠多不作为异常,比如劳累过度或者睡眠缺乏的补觉。

(2)睡眠的质量:睡眠的质量是指睡眠的深度,就是深度睡眠长,浅睡眠短。睡眠质量好是指同样的睡眠时间,感觉休息的比较充分,疲劳消除彻底,精力恢复快。有以下原因可以降低睡眠的质量:

◎睡眠中做梦特别多,梦话多。

◎睡眠中容易醒，醒的次数也比较多。

◎睡眠比较轻浅，稍有些动静就容易醒，常常处于似睡非睡状态。

◎入睡困难，躺下很长时间才能入睡。

◎睡醒后不易再入睡，而且醒后不解乏。

◎夜眠不安，睡觉时翻来翻去，睡得特别不安稳。

◎睡眠的环境温度过低或过高。

◎睡眠中皮肤瘙痒，比如说蚊虫叮咬。

◎睡眠中衣被过厚、过紧、粗糙。

◎睡眠环境噪声大、空气浑浊、氧饱和度低、负离子低、强光照射均会影响睡眠的质量。

◎饥饿、口渴的状态下睡眠质量不好。

◎精神压力过大或睡前精神受到强烈刺激会影响睡眠质量。

（3）**睡眠的节律**：睡眠要有节律，应符合人的生物钟节律，通俗来讲就是白天醒，晚上睡，该睡的时候睡，该醒的时候醒。小孩子白天会睡觉，年龄越小睡得越多，但是夜里仍然是主要的睡眠时间，就是晚上睡长觉，白天睡短觉。2岁以后白天睡觉1次，偶尔可以2次，加起来不要超过2小时。白天的睡觉时间应该在中午1点以前，晚上9点左右睡眠，早上7点左右起床。睡眠节律不好会影响孩子的健康，尤其是影响孩子的身高增长，所以不要让孩子经常晚睡或跟着大人熬夜。

孩子睡眠节律不好的具体表现有以下几种：

◎晚上睡得比较晚，通常在晚上10点以后，甚至更晚。

◎孩子早上起得太晚。

◎半夜醒后再入睡的时间长，有很多孩子半夜醒了还要玩一段时间。

◎白天睡的次数不规律，有时候睡1次，有时候睡2次，甚至睡3次。

◎白天睡的时间过长或者过短。

◎白天午觉睡得太晚，有时候睡到天快黑才醒。

3.睡好的环境要求

孩子睡觉的周边环境应保持良好。保持良好的睡眠环境也是保证孩子睡好的重要内容，为此，我们要注意以下几个问题：

◎孩子睡眠的环境应保持空气流通、温湿度适宜、氧饱和度高。通常孩子睡觉房间的温度保持在 20℃ 左右，空气相对湿度保持在 40% 左右较适宜。

◎睡眠环境的光线不能过于强烈也不要过于昏暗。就像《老老恒言》书中说的："就寝即灭灯，目不外眩，则神守其舍。"这讲的就是睡觉时要关灯，不要有强烈光线，这样才能保持孩子身心健康。《云笈七签》中的"夜寝燃灯，令人心神不安"讲的也是这个道理。

◎噪声。睡眠应保持安静，噪声太强会影响孩子的睡眠质量。

◎孩子睡觉的卧室要向阳，光照充足，室内色彩不宜太艳，以柔和的粉色、淡绿色、淡黄色为宜。

4.睡好的衣被要求

年龄越小，睡眠时盖的被子就相对应该厚些。如果孩子特别消瘦，或者是早产儿、低体重儿，被子要比正常的孩子更加保暖些。被子厚度以手足温温的，背部又不潮湿为度。被子要用天然纤维的，不脱色。提醒家长们注意以下几点：

◎如果被子过厚了或过薄了，非冷即热，孩子冷的时候睡姿蜷曲（蜷缩），热的时候容易蹬被子。

◎被子厚度应使四肢、手脚不凉，但是腹部和背部要更暖和些。

◎刚刚入睡的时候，被子可以稍微薄一点，到后半夜或凌晨的时候被子要稍厚些。

◎睡觉时候穿的衣服要少一些，穿得越厚反而越容易着凉。

◎睡眠时衣被不要过紧，偶尔蹬出被窝也没什么，让孩子适应冷热的变化。

◎随着孩子年龄的增长，被子要相对薄些，逐步锻炼孩子的耐寒能力。

◎孩子睡觉时不宜穿袜子，更不宜戴帽子。

5.睡好的枕头要求

◎新生儿可以不用枕头，但是床垫不宜过软，避免影响孩子形体生理曲线的形成。

◎孩子满月以后建议使用枕头。枕头的高低根据孩子的形体胖瘦来定，相对胖的孩子枕头稍高一些，瘦的孩子枕头稍低一些，令孩子仰卧位睡时呼吸声均匀，保持颈部的平伸状态。

◎枕头的软硬以有轻微的枕凹为度，仰卧位睡时看看枕头上是否有凹坑。枕凹太大则会影响孩子的头型发育，后脑勺会明显突出，影响日后头型的美观。枕凹太小提示枕头太硬，会使孩子的头型过于扁平，也会影响日后头型的美观。这个时候家长要多操心一点，注意保持孩子的头型。如果孩子经常侧头睡，可以用毛巾卷成一个毛巾卷，放在容易偏向的头颈部一侧。如果孩子的后脑勺比较大，纠正的时候就应该让枕头稍微硬一些。如果头型过于扁平了，枕头就要软一些，慢慢地纠正，而且这种头型是年龄越小越容易纠正。

6.独立睡眠的培养

◎孩子出生后就可以独立睡眠了，最初可以用包被包着放在大人睡的位置旁边便于照顾，也可以将孩子放入大人床边的婴儿车或婴儿床中，尽量不要让孩子和大人一起睡。

◎孩子慢慢大了以后应尽量独立睡一张床，甚至一个房间。

◎2岁以后就可以训练孩子较为独立的睡眠习惯了。

◎2岁以后要逐步训练孩子自己脱衣、穿衣，自己整理睡具，为进入幼儿园做好生活能力方面的准备。

◎逐步训练孩子睡醒以后，在大人不在身边的情况下不哭不闹，会主动呼叫大人。

◎逐渐训练孩子的睡眠适应能力。有些孩子仅习惯在家睡觉，一出门就容易闹夜，应该训练孩子在外面比如亲戚家、宾馆睡眠的适应能力，这样外出旅游时也能有良好的睡眠。

◎应训练孩子在睡觉时，感知并能表达热、冷、困、不舒服的能力。比如说孩子困了，拉大人的手去床边，做出睡觉的样子等。

◎大孩子应训练晚上独立去卫生间的胆量和能力。

7.不宜马上入睡的状态

◎不宜让孩子过度疲劳或者剧烈运动后马上睡眠。

◎不宜让孩子蒙头睡眠，正如《千金要方》所说："冬夜勿覆其头，得长寿。"说的就是蒙头睡觉影响健康。

◎如果外出过夜尽量保持孩子平素习惯的睡眠节律，睡眠节律突然改变很容易生病，尤其带孩子外出旅游时要注意。

◎睡觉前不宜有过强的情绪刺激，比如说打骂孩子或者大人间的吵架，不宜看比较激烈的动画片、电视、电影。

◎睡觉前不宜吃东西，更不能吃得过饱。人睡了肠胃还要继续工作，久而久之肠胃功能就会紊乱，也会影响睡眠的质量。正如《彭祖摄生养性论》："饱食偃卧则气伤。"《抱朴子·极言》："饱食即卧，伤也。"说的就是饱食后马上睡觉影响肠胃消化功能。

扫一扫
更精彩

8.影响睡好的疾病

◎发热、咳嗽、哮喘都会影响孩子睡好。

◎腹痛、腹泻、便秘、尿频会影响孩子睡好。

◎食积，吃肉类食物过多了会影响孩子睡好。

◎某个部位的疼痛会影响孩子睡好。

○湿疹、荨麻疹等皮肤瘙痒的疾病会影响孩子睡好。

○钙缺乏会影响孩子睡好。

9.睡眠中的非健康"信号"

（1）**夜汗**：孩子刚入睡时汗会稍微多些，这属于正常现象，但如果过多了，这就是异常的了，可能与食积、内热或者衣被过厚有关。

（2）**夜惊**：孩子在睡觉的时候有惊颤或四肢抖动的现象，时不时地四肢抖动，或者惊叫，或者惊哭，这种情况偶尔发生不作为异常，如果发生过于频繁，通常提示孩子健康出了问题，比如发热、积滞、惊吓、缺钙。

（3）**夜啼**：指孩子晚上睡眠时经常哭闹。孩子不舒服了，食积了，疼痛了，瘙痒了，这都会引起晚上哭闹。

（4）**夜热**：就是孩子晚上发热。孩子发热类疾病往往在晚上比白天体温更高一些。所以孩子生病了，晚上要特别注意观察体温，有热性惊厥（高热惊厥）史的孩子晚上发热更应该注意。提醒：孩子在发热的时候不要盖太厚的被子。

（5）**夜咳**：指孩子夜晚咳嗽得较严重。白天偶尔咳几声没关系，尽量让孩子自己去康复，不要过多地用药物干预。但是，晚上咳嗽是需要治疗的。

（6）**夜喘**：指孩子夜里哮喘加重。毛细支气管炎，或者哮喘的患儿晚上发生呼吸困难的可能性更大一些，晚上气温低，喘的次数比白天要多一些。

（7）**夜眠不安**：指孩子晚上睡觉睡得特别不安稳，翻来翻云。偶尔有这种现象不用治疗，如果过于频繁提示孩子肠胃功能可能出了问题，最多见的是孩子食积了。磨牙多发生在晚上睡觉的时候，也是食积的表现。

（8）**睡姿**：指孩子晚上睡觉的姿势。常见的有俯卧位，孩子喜欢趴着睡。有时候孩子喜欢蜷曲身体睡觉，那可能是被子太薄了，身体感觉冷了。

（9）**孩子掉床**：很多孩子都有睡觉从床上掉下来的经历。许多家长很担心孩子会摔出什么内伤，要求做计算机断层扫描术（CT）检查。掉床是很多孩子常有的经历，不需要过多担心。孩子睡的床要尽量低一些，床下边放个软垫子，即便孩子掉下床了也比较柔软。床旁边不要放硬的玩具，以免孩子掉到上面受伤。最好不要给孩子睡有护栏的床，因为孩子习惯了护栏，长大了以后睡到没有护栏的床上，反而更容易发生意外。

扫一扫
更精彩

玩好！

1.玩好的重要性

玩是孩子童年最重要的经历，也是孩子的天性，玩耍对孩子生长发育的影响非常重要，但是也容易被家长们忽略。通常家长们容易犯两种错误：一是任其玩；二是限制玩。显而易见二者都是不对的，那么怎么才算是玩好呢？这要先明确玩代表着什么，玩有什么作用，怎么玩才好。

想给孩子一个智慧的童年，必须明白这三个问题。如何玩好，是基于孩子整体健康意义上讲的。玩好不但涉及孩子的躯体健康，更涉及孩子的心理健康、道德健康、社会健康、智力健康！玩代表了孩子的运动，影响着孩子的心智发育，也是以后心理性格特征形成的重要影响因素。

2.玩好的作用

玩耍有健身、健心、健脑的作用，影响着孩子的行为习惯的养成。从玩耍中培养孩子的交友、学习、识险能力。玩，也会影响着孩子的品德和素养。玩有四个方面的作用：

增强体质，提高免疫能力。

学习文化知识，锻炼生活技能。

开发和拓展智力，启发和发现潜能。

培养良好的心理，善良的性格，助人的心态。

总之，玩好可以概括为八个字：长体、学知、益智、健心！

依据整体健康概念，孩子许多非健康现象与童年时期的玩耍有关，比如：

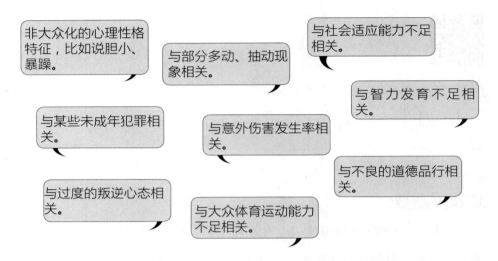

非大众化的心理性格特征，比如说胆小、暴躁。

与部分多动、抽动现象相关。

与社会适应能力不足相关。

与智力发育不足相关。

与某些未成年犯罪相关。

与意外伤害发生率相关。

与不良的道德品行相关。

与过度的叛逆心态相关。

与大众体育运动能力不足相关。

所以，玩耍对孩子全身心都有着重要的影响，家长们应该多陪伴孩子，帮助孩子度过一个智慧的童年。玩耍对孩子的成长如此重要，这是基于玩耍关乎着以下诸多方面的成长发育：

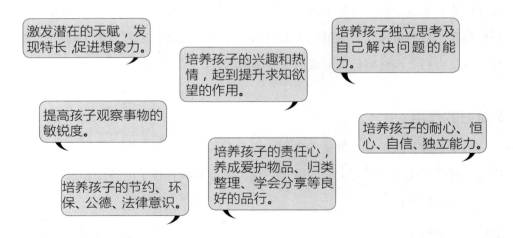

激发潜在的天赋，发现特长，促进想象力。

培养孩子的兴趣和热情，起到提升求知欲望的作用。

培养孩子独立思考及自己解决问题的能力。

提高孩子观察事物的敏锐度。

培养孩子的耐心、恒心、自信、独立能力。

培养孩子的责任心，养成爱护物品、归类整理、学会分享等良好的品行。

培养孩子的节约、环保、公德、法律意识。

玩耍有这么多作用，这就要求我们的父母或监护人首先做出榜样，大人的生活习惯、品行、语言、孝心、爱心、道德观念、学习精神、文化素养和生活品位等方面都会潜移默化地影响着孩子。大人对孩子的影响就像动物世界里的老鸟与小鸟一样，孩子潜移默化地在学习着大人的行为习惯，潜意识地感觉着大人的心理和世界观，而这些影响都是伴随在孩子童年的玩耍中的。

生活环境—家庭及家长
学习环境—学校及师生　→　影响孩子的思维方式　→　影响孩子的为人处世及格局方式　→　使孩子产生行为习惯　→　行为习惯影响孩子的未来
偶发因素—某特别事件

有句俗语讲：富不过三代！指的是富人家的孩子容易缺乏危机感和竞争意识，缺乏激情。

可能有家长问了，玩耍就是小孩子的天性，有这么重要吗？下面举的几个例子就说明玩耍影响着孩子未来很多方面的成长发育。

举例 1

　　有几个家庭带着三个孩子一起去农家院吃饭，三个孩子跑到花园里面采摘了许多不成熟的石榴拿到了餐桌上，但是没有一个家长指出孩子的行为是不对的。你看，这些行为就是孩子在平时的玩耍过程中形成的。孩子认为去采摘这些不成熟的石榴是很自然的事，是闹着玩的，家长都没有说什么，久而久之，孩子就形成了不好的心理状态，进而产生不良的行为。

举例 2

　　孩子在公共场所大声喧哗，或者影响到别人，有时还会引起大人之间的争吵，甚至打架的例子也不少。孩子们之所以在公共场所中有这种不文明行为，都是因其平时玩耍中不好的行为没有及时得到家长的批评，久而久之养成了错误的行为习惯，可是家长却浑然不知。

<table>
<tr><td>举例3</td><td>平时孩子在玩耍的过程中会时常和同伴发生争执，有的孩子会说我爸爸是干什么的，我让我爸爸来打你！我们家比你们家有钱！类似的例子在孩子童年的玩耍中很多。孩子的这种表述，体现了平时受家长的不良影响，从小就有了对权力、地位和金钱的一种崇拜心理。</td></tr>
<tr><td>举例4</td><td>曾报道，坐高铁或飞机占别人位置的"霸座男""霸座女"，这些成年人所犯的错误，那一定是他小时候在玩耍中的很多自私行为没有得到家长的及时纠正，逐渐形成了这种不良的心理状态，这与童年不正确行为是密切相关的。</td></tr>
</table>

3.玩什么

（1）**游戏类**：就是各种各样的游戏，建议现代游戏和传统游戏相结合，侧重让孩子多玩一些集体类的游戏，小伙伴们一起玩游戏对孩子的心理发育非常有益。

（2）**项目类**：比如一些夏令营、冬令营，或者学校、幼儿园、家长自行组织的一些集体活动、体育比赛项目等。参加这些项目的时候，家长应该多放手，不要给孩子限制太多。

（3）**玩具类**：玩具的种类非常繁多，孩子特别喜欢，小到积木拼图，大到遥控汽车、遥控飞机，玩这些玩具应该与智力开发、知识学习相结合。训练孩子用简单的玩具玩出新的花样，比如玩积木、玩魔方、跳绳等，这些玩具虽然简单，但对孩子的智力启发是非常有益的，在智力促进上复杂的电子玩具并不比那些传统的简单玩具好。

（4）**学习类**：是指为学习某项知识或某种技能为主要目的的一些活动。往往是为了纠正孩子的性格偏缺，或者弥补某些知识的缺失，但要动静结合，比如说有些孩子爱静少动，那应该多安排一些动态的活动。如果孩子喜欢动，不喜欢静，那应该多安排些画画、写字、下棋之类的静态活动，要动静结合，在玩耍中纠正孩子发育中的某种不平衡。

4.玩好要三多三少

多户外	多群体	多自然	少约束	少人为	少说不

（1）**三多**：多户外、多群体、多自然。

◎多户外。孩子应以户外玩耍为主，室内玩耍为辅。在户外要注意玩耍场地的安全隐患，地面要平坦，最好是柔软的土地或者是草坪，应避免孩子在河沟、施工地、机动车道等危险地带玩耍。室内玩耍要保持光线充足，空气流通，家具边角安全，地面柔软。

◎多群体、多自然。比如让孩子参加夏令营、冬令营等；去户外看鸟、跑步、爬山等。让孩子爬爬树、摸摸鱼、抓抓虾、玩玩泥、打打水仗、抓抓蝌蚪，在自然状态下玩耍，对孩子的心理成长更加有益。笔者看到过一张网络图片，幼儿园老师抓了些蝌蚪放到小盆子里，让孩子围了一圈看着画蝌蚪，其实还不如让孩子来到河边，看着河里自由游动的蝌蚪去画画，让孩子与大自然亲近。不必过度担心孩子玩一身泥，从而限制孩子在大自然环境下玩耍。

另外，玩耍的时间，四季均可，以春秋季为主，即便是寒冷的冬天，在没有大风的情况下也应经常让孩子多做户外活动，多晒太阳。如在下雪天，只要让孩子穿得暖和一点，就可以带孩子去户外活动，因为这时候的空气比较洁净、湿润，不必过度担心孩子是否会着凉。

（2）三少：少约束、少人为、少说不。

少约束。就是少给孩子限制这不行那不行，在注意安全的情况下约束少一些。

少人为。就是少人为地设计孩子的玩耍，让孩子在大自然里自由自在地玩耍。

少说不。孩子在童年的玩耍中，大人总是说这不能做、那不敢做，让孩子在玩耍过程中总是无所适从。大人们应该尽量少说"不"字。

5.玩耍及日常生活中常见的问题

孩子在整个童年以及学龄期间，许许多多的行为习惯、品行品德、公共素养、处世能力、生活能力、学习习惯、助人爱心等都是在玩耍中慢慢形成的，所以请家长们对照下面的问题，想想您的孩子哪方面还欠缺，并在以后的生活中有意识地慢慢纠正。

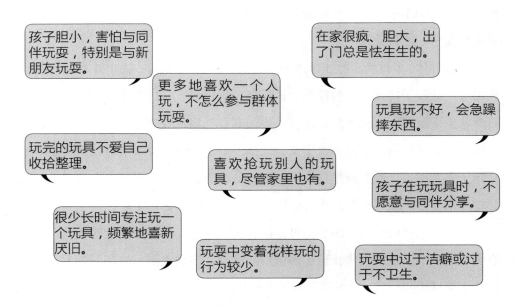

孩子胆小，害怕与同伴玩耍，特别是与新朋友玩耍。

在家很疯、胆大，出了门总是怯生生的。

更多地喜欢一个人玩，不怎么参与群体玩耍。

玩具玩不好，会急躁摔东西。

玩完的玩具不爱自己收拾整理。

喜欢抢玩别人的玩具，尽管家里也有。

孩子在玩玩具时，不愿意与同伴分享。

很少长时间专注玩一个玩具，频繁地喜新厌旧。

玩耍中变着花样玩的行为较少。

玩耍中过于洁癖或过于不卫生。

过度玩手机、看动画片、玩电脑。

不喜欢看图书，不爱提问题。

对超过自己年龄段的一些故事、人物、事情不感兴趣。

对自己动手做的事情兴趣不大，总喜欢大人帮忙。

不喜欢剧烈的运动或对抗性强的运动，或者正好相反，总是好动、冒险，不会安静地玩耍

在玩耍中总爱打人、摔东西。

爱撒谎，并且不认错。

少有关系好的玩伴、好同学、好朋友。

喜欢抱怨同伴或老师不好。

喜欢以自己为中心。

在电梯上蹦蹦跳跳，喜欢玩按钮。

上公交车或者购物的时候缺乏排队意识。

公共场所喜欢乱跑，缺乏安全意识。

在超市乱拿东西，大声喧闹。

马路上不礼让，乱跑。

废物、垃圾不入垃圾桶，随手扔。

坐车里乱扔东西，从窗口扔杂物。

从楼上开窗扔杂物。

在楼上乱蹦乱跳影响楼下居民。

关门、关窗、关车门用力过大。

乘坐地铁、公交车不礼让,脚踩凳子，趴车窗。

户外玩耍中摘花折树。

在宾馆里缺乏公德意识，比如大声说笑、用力关门等。

有损坏公物、私人物品的不良行为，如损坏共享单车、私家车、自助设备、共用电话等。

参观博物馆、书店等公共场所时，规矩意识差。

71

在动物园扔砸、喂食动物，惊吓动物，缺乏爱心。

节约意识差，常常浪费水、纸张等。

爱炫耀，攀比意识强。

过早的人情世故，或自卑心态，傲慢意识。

过早的爱美意识，化妆行为。

过早或过晚的性别意识。

过分的操心，多愁善感。

缺乏安全意识，或者是过分的冒险意识。

过早或者过晚对钱财的认识。

缺乏自我健康意识。

缺乏崇尚模范意识。

缺乏尊老敬老孝道意识。

没有养成良好的作业习惯、自学能力、自我纠错能力。

书写能力不足，如毛笔、钢笔、粉笔。

缺乏良好的应试心态。

表达、演讲能力不足。

缺乏方向识别能力。

自主课外阅读兴趣不足。

扫一扫
更精彩

给孩子在成长中的建议！

孩子除了吃好、睡好、玩好以外，更重要的一点就是我们的孩子要拥有发育良好的身体、愉悦的情绪、强健的体质、协调的动作、良好的生活习惯和基本的生活能力。

1.爱孩子，不是溺爱孩子

我们现在的孩子都是家庭的宝贝，全家人把所有的爱都放在了孩子身上，孩子基本上什么都不需要做，所有的事家人们都给做好了。孩子过生日场面很大，礼物很多。请问：这是爱孩子吗？这肯定不是爱孩子，这只会让孩子变得自私自利，性格骄横乖张，目无长辈。为了让孩子长大后飞得高、飞得远、飞得开心，家长们千万不要溺爱孩子！

2.交通常识

◎ 2 岁以后的孩子应该慢慢学会认识红灯停、绿灯行等交通信号。

◎让孩子知道东西南北，太阳东升西落。

◎逐渐教会孩子认识道路上的交通标志线，比如斑马线、机动车分道线、非机动车线、盲道等。

◎大些的孩子要逐步认识地图，包括电子地图，学会使用基本的导航定位，知道如何问路。

◎掌握乘坐飞机的一些相关知识，认识机场标识牌所表示的意思。

◎掌握乘坐公交车的一些相关知识，了解有关乘坐公交车的一些礼仪，比如排队、让座等。

◎掌握乘坐高铁的一些相关知识，认识车站标识牌所表示的意思。

◎了解乘坐地铁的注意事项等。

总之，应教会孩子乘坐各种交通工具的相关知识和技能。在平时带孩子乘坐交通工具时要有意识地教孩子一些相关的知识。

3.社交礼仪

教孩子怎么称谓他人，怎么请求他人帮助，如何跟不太熟悉的小朋友交朋友，如何和别人打招呼。总之，在生活和玩耍中要有意识地教会孩子怎样与小朋友相处，学会与大人交流，了解不同职业的主要工作内容，比如警察是干什么的，医院和医生、物业与修理工、派出所是干什么的等。知道拨打 110 是报警，拨打 119 是报火警，拨打 120 是叫救护车。

4.生活常识

孩子生活能力的培养贯穿在整个成长的过程中，要在成长的过程中慢慢培养孩子的生活能力，也就是孩子的社会适应能力。

◎对于学龄孩子应教一些用电的常识，比如空调、冰箱的使用方法，微波炉、电磁炉、烤箱、暖气以及燃气灶的安全使用注意事项等。

◎了解骑车可能遇到的问题，以及骑车时的安全注意事项。

◎了解开门窗、锁门的相关知识，注意钥匙的保管。

◎了解常用工具的使用，比如扳手、螺丝刀、电笔、多功能刀具等。

◎学会简单的针线活，比如如何缝补破损的衣服。

◎知道胶水的使用，纸胶、胶带以及胶水使用的安全注意事项。

◎了解洗衣服、刷鞋、干洗衣服的相关知识，比如什么样的衣服要干洗。

◎掌握洗澡、刷牙、洗脚等卫生技能以及安全意识。

◎了解网上购物、外卖的相关知识。

◎知道天气预报的相关知识，极端天气的安全常识。

5.做饭技能

◎认识馒头、包子、饺子、面包、面条等。

◎大一些的孩子要学会简单的煮粥、煮面。

◎学会包饺子、煎蛋、做米饭。

◎了解些买菜、选菜的技能。

◎让孩子学会做几种简单的家常饭菜。

◎教会孩子烧开水、煮牛奶、煮鸡蛋以及用火用电的安全意识。

◎学会收拾餐具，养成随用随洗的习惯。

◎了解灶具的使用方法及安全意识。

◎了解在饭店点菜的相关知识。

◎了解吃自助餐的一些相关知识和注意事宜。

◎了解调味品的购买与使用。

◎了解常用干菜的使用方法和相关知识。

6.安全常识

◎掌握乘坐常用交通工具的安全知识，走路、骑车要专注，遵守交通规则，留心窨井盖。

◎掌握选用交通工具的一些相关知识。

◎树立夜晚走路的安全意识。

◎树立乘坐自行车的安全意识。

◎了解乘船的安全须知。

◎了解游乐场的安全注意事项，教会孩子怎么咨询、排队和游玩，如何看游玩须知等。

◎树立雨雪天气、雷电天气、大风天气、雾天气的安全意识。

◎了解在冰雪天制作防滑鞋的一些方法，比如说绑个绳子。知道在冬天如何防止冻伤。

7.野外安全常识

孩子通常很喜欢户外活动，大孩子甚至喜欢一些小小冒险活动，这些都是孩子的天性，因此，家长在平时和孩子一起的户外活动、旅游中应教会他相关的知识，尤其是安全知识，减少意外伤害的发生。

◎在野外如何判断活动区域是否安全，比如说道路是否平坦、是否远离水域和野生动物。

◎如何识别有毒的动物，比如蛇、蜈蚣、蝎子等。

◎如何识别有毒的野果、野菜、蘑菇等。

◎被蚊、虫、蛇咬以及被蜜蜂蜇伤之后的自救方法。

◎学会识别危险水域，掌握自救和救人的方法。

◎要了解防火、防跌伤、防迷路的方法。

◎在泥潭里的自救和救人的方法。

◎要特别重视中暑及强紫外线照射对人体的危害，要积极做好防护。

◎野外饥饿以及口渴的解决办法。放大镜取火的方法。

◎野外求援的方法、标识，如何使用电话、烟雾、镜子反射报警等知识。

◎探险安全意识的教育和劝导，野外指南针的使用。

◎跌伤的时候自救与救人的方法，学会受伤之后的简单处理方法。

◎止血、包扎伤口，包括鼻子流血的自我处理方法。

◎常用外用治疗性植物的识别与应用。

◎风沙迷眼的处理方式。

◎尖刺刺入皮肤的简单处理方法。

扫一扫
更精彩

8.警示意外伤害

　　因为孩子活泼好动，所以孩子在生活中磕磕碰碰在所难免，有报道，儿童发生意外伤害以每年 7% ~ 10% 的速度增加，5 岁以内孩子更易发生意外伤害。避免孩子意外伤害，也是孩子整体健康的一个重要内容，最好的办法是做好预防。现将具体的意外伤害实例以视频的方式讲给大家，希望大家从事例中有所借鉴，有所警惕，同时在以后带孩子玩耍的过程中或在孩子的成长过程中备加小心。

孩子生长的第三个坎儿：

『防治病虫害』

——让孩子少生病的智慧！

扫一扫
更精彩

要想让孩子生长得好，就像种庄稼一样，选好种育好苗，过了第一个坎儿。又做好了田间管理，就是管控好水、肥、土，又过了第二个坎儿。那么，第三个坎儿就是防治病虫害了！对于孩子来讲，就是不生病，生小病，生了小病能自我处理。即使过了前两个坎儿，到了第三个坎儿——孩子老生病，那仍然长不好。老生病的孩子怎么能成长得好呢？

在分享这第三个坎儿之前，要给大家再复习一下什么是真正的健康。它包括身体健康、心理健康、道德健康、社会健康、智力健康。我们知道，人体有三种状态：健康状态、疾病状态、亚健康状态。大约有5%的孩子处于真正的健康状态，疾病状态的大约占20%，有差不多75%的孩子是处于一种亚健康状态。亚健康状态也叫第三状态、灰色状态。下面跟大家分享三方面的内容：一是什么是亚健康状态；二是怎么认识小儿的体质状态；三是常见偏颇体质状态怎样调理。

亚健康状态会影响孩子日后的健康！

现实中完全符合真正健康的孩子很少，而大部分孩子处于亚健康状态。临床观察发现，有约75%的孩子处于亚健康状态。在第三个坎儿里我们主要讲如何防治"病虫害"，哪些"病虫害"会影响孩子的成长呢？

要防治"病虫害"，我们首先要调理好孩子的亚健康状态。通过调理亚健康状态，使身体更靠近健康状态，生病的概率就会减少，完全健康的孩子就会增加。下面谈谈亚健康到底是什么，亚健康我们怎么办。首先要明白四点：①孩子多数处于不同程度的亚健康状态。②孩子亚健康状态更靠近疾病状态。③小儿亚健康状态与脾胃功能关系密切。④小儿亚健康状态影响免疫功能和生长发育。

1.亚健康的表现

◎食欲不好、口臭、舌苔白厚和（或）腻、地图舌、磨牙、口涎、腹胀、腹痛。

◎大便不调（干结、不规律、大便前干后稀、不消化、大便多）、大便酸臭、大便黏腻、大便色白、大便色绿、大便色深发黑。

◎倦怠乏力、夜眠不安、夜惊、夜啼、小便黄。

◎爱哭闹、急躁易怒、多动、抽动、暴力倾向、胆小、性格内向、情绪低落。

◎发作性的喷嚏、鼻塞、鼻鼾、张口呼吸、鼻涕多、鼻痒、眼痒。

◎面色萎黄或花斑、面颊粟米样皮疹、牙齿不好。

◎发不荣（发穗、发黄、发细、发疏、发软、发白、发枯）。

◎口唇红赤、手足心热（脱皮、红赤）、多汗（白天或夜间）。

◎爪甲不荣（白斑、凹陷、枯白、起皮、粗糙、脆薄）。

◎皮肤粗糙或皮肤瘙痒、皮肤高敏反应（易起痒疹）。

◎反复感冒、长期咳嗽、反复发热、反复食积、反复口腔溃疡、反复起麦粒肿、反复扁桃体发炎、反复荨麻疹、反复湿疹、反复鼻炎等都属亚健康状态。

2.偏颇体质状态分类

并不是每个孩子都会出现上面所有的亚健康症状，有些是这种症状，有些是那种症状，那么，怎样来判别孩子的亚健康状态呢？我们把亚健康的症状归纳成不同的偏颇体质状态。根据临床经验，孩子多归属于八种偏颇体质状态：积滞体质状态、气虚体质状态、热盛体质状态、高敏体质状态、肝火体质状态、痰湿体质状态、怯弱体质状态、阳虚体质状态，分别简称为积滞体、气虚体、热盛体、高敏体、肝火体、痰湿体、怯弱体、阳虚体，而最常见的是积滞体、气虚体和热盛体。

3.偏颇体质状态的表现及调理

（1）**积滞体质状态**：是以容易伤食、伤乳、消化不良等症状为主的一种亚健康状态，与不良的饮食习惯相关。

主要表现：口腔异味（口臭、口气酸腐、口气难闻）、易腹胀、夜眠不安（睡眠翻转不安）、时时腹痛、食欲不好、大便酸臭或大便干结、舌苔厚或地图舌、呕吐/干呕、磨牙、异食症、夜啼、偏食等。

积滞体的孩子易于发生感冒、发热、口疮、乳蛾、生长滞后、贫血、疳证、佝偻病等非健康倾向。

调理方法：可以用本书附录中的"处方1"。

（2）**气虚体质状态**：是以脾、肺气虚为主要表现的一种亚健康状态。

主要表现：乏力、汗多、面色萎黄或花斑或手足心萎黄、爪甲不荣、发不荣、大便不化等。

气虚体的孩子易于发生感冒、咳喘、生长滞后、营养不良、疳证、佝偻病、贫血等非健康倾向。

调理方法：可以用本书附录中的"处方2"。

（3）**热盛体质状态**：是以实热内盛为主要表现的一种小儿亚健康状态。

主要表现：口腔异味、手足心热（红赤、脱皮）、口唇红赤或潮红、舌质红、大便干结、多汗、鼻衄、尿黄、尿频、眼屎多等。

热盛体的孩子易于出现乳蛾、发热、复发性口疮、皮肤疮疡、麦粒肿、外阴瘙痒（女孩）、皮肤高敏反应等非健康倾向。

调理方法：可以用本书附录中的"处方3"。

（4）**高敏体质状态**：是以好发过敏性疾病为主要表现的一种亚健康状态。

主要表现：易鼻塞、喷嚏、湿疹、皮肤瘙痒、荨麻疹、皮肤粗糙、皮肤高敏反应、蚊虫叮咬后反应强烈、清嗓子、鼻眼痒、哮喘、舌质红、多种食物过敏、肥胖等。

高敏体的孩子易于出现湿疹、哮喘、毛细支气管炎、荨麻疹、鼻炎等非健康倾向。

调理方法：可以用本书附录中的"处方4"。

（5）**肝火体质状态**：是以肝火上炎、肝阳偏亢为主要表现的一种亚健康状态。

主要表现：多动倾向、抽动倾向、急躁易怒、暴力倾向、手足心热、大便干结、尿黄、口唇红赤、舌质红、哭闹、喜冷饮、多奶、多肉食、多梦、异食症、数脉等。

肝火体的孩子易于出现多动症、抽动障碍、意外伤害倾向、性格偏执、异食症、孤独症等非健康倾向。

调理方法：可以用本书附录中的"处方5"。

（6）**痰湿体质状态**：以肥胖或痰湿致病为主要表现的一种亚健康状态。

主要表现：肥胖、面色㿠白、多汗、疲劳、喘息、喉痰多、舌苔白腻、湿疮、口涎、嗜睡、鼻鼾、呼吸音粗、大便黏腻等。

痰湿体的孩子易于出现湿疹、哮喘、毛细支气管炎、肥胖症、运动协调功能欠佳等非健康倾向。

调理方法：可以用本书附录中的"处方6"。

（7）**怯弱体质状态**：是以性格内向、胆小、易惊吓为主要表现的一种亚健康状态。

主要表现：少言、不主动交流、胆小、易受到惊吓、夜惊、夜啼、多梦、热惊史、容易哭、多静少动等，或伴有早产、低体重等既往史。

怯弱体的孩子易于出现高热惊厥、惊吓、胆小、性格内向、语言发育缓慢或缺陷、感统（感觉统合）失调、交流障碍、癫痫、癔症病等非健康倾向。

调理方法：可以用本书附录中的"处方7"。

（8）**阳虚体质状态**：是以脾阳或脾肾阳虚为主要表现的一种亚健康状态。

主要表现：怕冷、手足不温、大便多或清稀或完谷不化、色绿、夜尿多、舌质淡、肠鸣音亢盛、面色苍白、发不荣、鼻塞等。

阳虚体的孩子易于出现生长滞后、遗尿、湿疹、泄泻、贫血、佝偻病、冻疮、易感冒等非健康倾向。

调理方法：可以用本书附录中的"处方8"。

附 **小儿亚健康小处方：** 槟榔 10 克，焦神曲 10 克，黄芩 10 克，炒白扁豆 10 克，茯苓 10 克，生栀子 10 克，炒牵牛子 6 克。

加减：①偏于食欲不好者加炒麦芽 10 克，枳壳 6 克，炒莱菔子 10 克。②偏于大便干结者加大黄 3 克，枳壳 6 克，当归 10 克。③偏于消瘦，体重和身高不达标者加苍术 6 克，炒白术 10 克，补骨脂 10 克，白茅根 15 克。④小儿吃得多、拉得多，体重增长缓慢者加炒白术 10 克，补骨脂 10 克，炮姜 6 克，葛根 10 克。⑤偏于内热大者加青蒿 10 克，连翘 10 克，白茅根 15 克。⑥偏于汗多者加青蒿 10 克，浮小麦 10 克，生黄芪 10 克。⑦小儿反复呼吸道感染，大便不干者，用原方原量即可。可以用中药配方颗粒剂或中草药煎煮服用。

常见病及常见症的家庭处理方法！

扫一扫
更精彩

据相关研究显示，在孩子的生长过程中，大约有 20% 的孩子处于疾病状态，而且大多都是一些常见多发病；小儿大约有 80% 的疾病状态都集中在肺系疾病和脾系疾病，就是通常讲的感冒、发热、腹泻、肚子痛。下面给大家介绍一些孩子常见的，并且在家容易处理的疾病，同时还有必要了解一些危重疾病，以免延误诊治。

1.老生病怎么办

感冒、发热、咳嗽，各种各样的过敏情况在孩子成长期间都是常见多发的，尤其是 6 岁之前的孩子更容易频繁发生，所以，常常听到家长们说：孩子怎么总是感冒、发热、咳嗽、过敏，整天和医院打交道。

（1）**生病的孩子通常的发病因素**：一是多种因素造成的免疫力低下；二是免疫功能的过度反应；三是生活护理不当；四是不好的饮食习惯；五是过度治疗造成的身体素质下降。

（2）**针对这类孩子的几个原则**：首先，要改变上述的生病因素；其次调理孩子的免疫平衡、肠胃功能、没病期间的亚健康状态。

2.感冒

扫一扫
更精彩

（1）**什么是感冒**：这是中医的病名，现代医学叫急性上呼吸道感染，简称上感。

（2）**感冒的表现**：孩子出现鼻塞、喷嚏、流涕、咳嗽、发热，这就是通常说的小儿感冒了。1 岁以内的孩子感冒，往往症状表现并不典型，可能仅仅有呛奶、呛水、哭闹、哺乳不好、呕吐、腹泻等症状，这些看起来不像感冒的表现，但实际上也是感冒。所以，在婴儿感冒的时候我们要特别注意，千万不要误诊了。6 个月以内的婴儿通常不容易发生感冒，但是一旦感冒了就特别不容易好。临床上经常遇到大人或者是大孩子感冒了传染给家里的婴儿的情况。总之，婴儿感冒症状多不典型，而且容易引起较严重的并发症，所以一定要格外地小心！

（3）**感冒发病的原因**：一是穿得少，或者盖得薄等导致孩子着凉；二是周边的人感冒了传染给孩子。

在感冒好发的季节，同样的情况下有些孩子容易感冒，有些孩子不太容易感冒，这是为什么呢？

◎免疫力低下的孩子更容易感冒，还有先天性心脏病、贫血、佝偻病、营养不良的孩子比正常孩子更容易感冒。

◎食积的孩子更容易感冒，就是吃多了，特别是吃太多不容易消化的零食、煎炸食物等。孩子一旦吃多了，处于食积状态了，抵抗力就会下降，更容易感冒。所以中医讲：吃少、吃热、吃软则不病。

◎有些孩子反复感冒，而有些孩子就不太容易感冒，这与孩子的体质状态相关，比如说气虚体、积滞体就更容易感冒。

（4）感冒不是小病：感冒虽然很常见，一般情况比较轻，但是也可能变成大病，比如说肺炎、心肌炎、脑炎，这些疾病都会由感冒引起。所以，患了感冒也是不能大意的。

（5）感冒的治疗：感冒多是由病毒引起的，很少一部分是由于细菌感染引起的，所以说用抗生素治疗感冒是没有效的，反而抗生素滥用、误用会造成孩子的许多不良反应，应该纠正孩子一感冒就用消炎药这种错误习惯。另外，感冒实际上是一种自限性疾病，也就是说，如果我们身体状态良好、免疫力正常，通常感冒是可以自愈的。因此，不应该对感冒做过度的治疗，不要一得感冒就给孩子开很多药。感冒通常一年四季都容易发生，但是秋冬及早春季节发生得比较多一些。所以秋冬、早春季节是预防孩子感冒的重要时段。感冒是个小病，如果孩子免疫正常我们不必大惊小怪，更不要过度治疗，许多感冒我们在家里就可以处理。下面给大家介绍几个简单的方法及注意点：

◎首先做到饮食清淡，多喝水、多撒尿、多睡觉、多晒太阳。孩子感冒了，食欲下降，总想吃些口味重的、香的东西，越是这样感冒越不容易好，甚至加重。这些听起来简单但很重要，也是我们家长最容易忽略的。

◎孩子感冒了，可以给孩子泡泡脚、泡泡澡，就是我们通常说的足浴、药浴。如果没有条件也可以用热水泡泡脚，要泡得微微汗出。推荐给大家一个药浴小方子，可以足浴，也可以全身药浴：艾叶 30 克，青蒿 15 克，荆芥 15 克，加水适量，煎煮 5 ~ 10 分钟，加水到适宜的温度后，好好泡泡脚或泡泡澡。如果是风寒感冒，以流清鼻涕为主，不怎么发热，可以多用一些艾叶、荆芥。如果孩子发热、嗓子红，属于风热感冒，可以多用一些青蒿。

◎多喝萝卜生姜水。多放些白萝卜，少量生姜，放些冰糖，水煎煮后让孩子少量频服。如果孩子能接受，也可以加些鲜荆芥或者藿香，效果就更好了。

◎如果孩子能吃中药，给大家推荐一个中药小处方：苏叶 8 克，桔梗 8 克，黄芩 8 克，桑白皮 8 克，槟榔 8 克，炒莱菔子 10 克，生薏苡仁 10 克，连翘 8 克，柴胡 8 克。这些药在中药店都很容易买到，风寒感冒、风热感冒都可以用。

煎服方法：先用水浸泡 30 分钟以上，煎煮 5 分钟（就是开锅后 5 分钟关火），闷泡到合适的温度以后再滤出服用，3 岁以上的孩子，每次 80 ~ 150 毫升，能多喝点尽量多喝一点。3 岁以下 30 ~ 70 毫升。如果孩子大便干结，可以加生大黄 2 ~ 3 克；如果打喷嚏、流清鼻涕特别多，可以加 3 ~ 5 片生姜，或者另加约 5 厘米长的葱白。另外，这个小处方也可以作为药浴的处方，多加点水泡泡澡，让孩子微微汗出即可。

3.发热

（1）**什么是发热**：也叫发烧，通常是指小儿体温异常地升高，我们用腋下温度计测试，体温大于 37.3℃ 时就是发热了。发热有轻有重，如果在37.3 ~ 38℃ 叫低热；38.1 ~ 39℃ 叫中热；39.1 ~ 41℃ 叫高热；高于 41℃ 叫超高热或极高热；体温小于 35℃ 称为体温不升。大家用的比较多的是测腋下体温，上面讲的就是指腋下体温。通常测体温，要把温度计的水银柱甩到 35℃ 以下。也有人用口表测体温，或者是肛表测量，口腔测量的温度一般高于腋下温度大约 0.5℃，而肛表测的温度又高于口表 0.5℃。测量腋下温度的时间是 5 ~ 10 分钟。

（2）**常见的发热性疾病**：感冒、扁桃体炎、气管炎、肺炎、腹泻等。若是长期地发热，反复频繁地发热，那就要请不同专业的医生会诊了，这里只给家长们聊聊常见的发热性疾病。

◎感冒发热，是发热伴随有感冒的症状。哪些是感冒的症状呢？比如说鼻塞、流涕、咳嗽等。气管炎发热伴有明显的咳嗽、痰多。

◎肺炎发热，往往体温较高，难退，还会伴有呼吸困难。

◎哮喘也可以伴有发热，但是哮喘发热大多是中低热。

◎食积发热，是发热伴有饮食不节制的情况，通常还有腹胀、口臭、食欲差、舌苔厚、夜眠不安等症状。

◎腹泻发热，多是发热伴有腹泻、腹痛，或者大便有黏液，甚至痢疾的脓血便。

◎扁桃体炎引起的发热，是发热伴有扁桃体肿大、充血、化脓、嗓子痛。

◎流感引起的发热，发热程度往往较高，发热比较难退，容易出现精神差、食欲下降等症状，同一时间发病的孩子较多且有同样的症状。

（3）发热的处理方法：轻度的低中热可以不处理，这是因为发热是人体的免疫应答反应，是正气与邪气抗争的表现，发热有利于刺激人的免疫功能，有利于清除病毒和病菌，总之有利于祛除疾病。因此，当有发热时不要紧张，只要体温不是太高，不需要马上退热。通常情况下低中热不必马上退热，但是低中热持续过久也是不行的。之所以需要处理，是因为体温过高，如高热、超高热对身体，特别是对脑神经是有伤害的。持续过久的低热也必须处理。有高热惊厥史的孩子要及时退热。通常 38.5℃ 以上可以考虑用退热的药物。有高热惊厥史或癫痫史的孩子，可以在体温 38℃ 时就使用退热药。另外，如果是低热的时候，孩子感觉特别难受，哭闹频繁，或者精神比较差，也要及时地查找原因。

（4）发热怎么办：

◎勤测体温。孩子的体温变化比较大，而且变化比较快，往往在晚上体温更容易升高。高热惊厥在晚上更容易发生，因此发热的孩子要及时频繁地监测体温，尤其是晚上。在发热时不要给孩子盖得太厚，穿着太多。孩子处于高热时往往手脚不热反而发凉，但是肚子却很热，甚至有寒战的现象，这时候衣被可以稍微厚些，但是要防止惊厥的发生。

◎发热时要让孩子清淡饮食、多喝水、多撒尿。对于高热手脚凉、出汗少的可以给孩子泡泡热水澡，泡澡水逐渐由温到热，给孩子泡得微微汗出，汗出热解。凉水浴，适用于高热而手脚不凉的孩子。有高热惊厥史的孩子，可以用冰块裹上干毛巾（避免冰块直接接触孩子的皮肤，造成皮肤冻伤）放在孩子的双侧太阳穴、双侧颈部、双侧腋下、双侧腹股沟降温，有条件的可让孩子戴上冰帽。高热的孩子应该配上口服的退热药，如布洛芬或者对乙酰氨基酚，家里可以作为常备药，但是通常不要连续使用。

◎如果孩子高热状态持续，退热药效果不好，或者是刚退一点儿很快就又升上来了，我们通常吃退热药后同时给孩子再泡个药浴，促使孩子汗出热退。中成药的使用，如小柴胡颗粒、紫雪丹、羚羊角粉、小儿柴桂退热颗粒、清热解毒口服液、化积口服液等，在用中成药时是可以同时用西药的，配合退热西药效果会更好些。

◎给大家推荐一个中药小处方：藿香 8 克，青蒿 10 克，黄芩 8 克，桔梗 8 克，苦杏仁 8 克，柴胡 6 克，槟榔 8 克，生栀子 8 克，姜半夏 8 克，枳壳 8 克，生大黄 3 克，生甘草 6 克。煎服方法同本篇治疗感冒的中药煎服方法。必要时可 2 ~ 3 小时服用 1 次。

（5）哪些发热要特别的注意：

◎肺炎，若孩子咳嗽伴发热，突然咳嗽加重，而且体温再一次升高，我们要注意，是不是已经转成肺炎了。婴儿的持续高热，肺炎的可能性更大些。若1岁以内的孩子高热伴有呛咳，精神不好，也要注意是否转成了肺炎。

◎脑炎，发热伴有呕吐、哭闹，大孩子会说头痛，这时候要注意脑炎的可能性。只要发热伴精神差的都要特别注意脑炎的可能性，因为这类孩子病情会突然加重，要注意及时请医生诊治。

◎中毒型痢疾，若持续高热伴呕吐、腹胀明显，孩子精神差，而且发生在夏季，要注意中毒型痢疾的可能性。

◎秋季腹泻，若发热伴有水样的大便，腹泻频繁，尿少，精神差，皮肤弹性也不好，且发生在秋冬季节，通常考虑是秋季腹泻的可能性，而且孩子很容易出现严重脱水。

另外，免疫力低下、营养不良、极度消瘦的孩子，病了以后体温不一定很高，但是精神状态会较差，越是这样的孩子越要引起注意。这提示孩子病情严重，身体无力做出反应，所以不发高热其实是更危险的信号。

（6）**哪些发热是正常现象**：运动后、饭后、刚睡醒，或夏天环境温度较高，发热往往是正常的，尤其是新生儿更容易因周边温度的升高而体温也升高。新生儿脱水体温也会升高，这时应及时给孩子补充点水分，只要孩子精神可以、哭声有力、反应灵敏、哺乳正常，我们可以不做特别的处理。

4.咳嗽

（1）**什么是咳嗽**：咳嗽在中医是个病，在现代医学属于一个症状。许多疾病都会引起咳嗽，比如说感冒、气管炎、肺炎、喉炎都会，甚至食积也会引起咳嗽，过敏也会引起咳嗽，通常这种咳嗽不伴有喘息。我们这里讲的是感冒、气管炎、食积引起的咳嗽。

◎感冒引起的咳嗽，多伴有鼻塞、流涕、打喷嚏。

◎气管炎引起的咳嗽，往往是咳嗽比较明显，痰也比较多，没有明显的喘息，听诊在肺部可以听到干啰音或者大量的痰鸣音。

◎食积引起的咳嗽，多表现为间断性干咳或痰咳，吃多的时候咳嗽会更频繁些，孩子时常有吞咽的动作，可伴有口臭、腹胀、舌苔厚等食积现象。

（2）**咳嗽的治疗**：反复感冒引起的咳嗽或支气管炎引起的咳嗽，应该从免疫调节入手，调节孩子的免疫功能。如果是支气管炎引起的咳嗽，应该在最短的时间治疗控制，然后再调理防止反复，慎用抗生素和抗过敏药物。食积引起的咳嗽，以调理脾胃、节制饮食为主。后期的轻微咳嗽，注意生活饮食起居的调理，让其自行恢复，也可以用些简单的茶饮或外治方法。总之，咳嗽不可以过度地治疗。

新生儿、婴儿、营养不良儿，或患有其他严重疾病如白血病、肿瘤、脑瘫、先天性心脏病的孩子出现咳嗽时，要引起特别的重视，因为这些孩子的身体抵抗力差，很容易出现严重的并发症或合并症。即使是正常的孩子，若咳嗽突然加重，并伴有发热、喘息、精神差，则要考虑是不是已经转成肺炎了。

（3）**咳嗽的处理方法**：

◎饮食疗法。红梨、白萝卜、生姜，加少许的冰糖，煎煮后少量频服。大孩子鼓励多吃香菜、荆芥、藿香、葱、姜、胡椒、酸汤面叶。也可用鲜艾叶炒鸡蛋，就是用新鲜的嫩艾叶切碎后同鸡蛋一起炒熟后食用。

◎茶饮方。炙枇杷叶6克、炙款冬花3克、炙紫菀3克，水煎煮后让孩子少量频服。

◎给大家推荐一个中药的小处方：苏叶6克，桔梗8克，桃仁6克，黄芩8克，白前8克，炙紫菀8克，姜半夏8克，蝉蜕6克，甘草5克，生姜3片做引子。水煎煮后少量频服，煎一次喝1次，每煎5分钟后闷泡至适宜温度再喂孩子，咳嗽较重者可以每天喝4～6次。

◎药浴疗法。可以用上面的中药处方煮水，并加热水至适量、适温，让孩子全身泡浴或足浴，泡至微微汗出。

（4）**长期反复咳嗽的注意点**：中医上有人将这种长期反复的咳嗽叫久咳，是指长期咳嗽，反反复复，时轻时重，不容易好。这种久咳要注意：一是饮食清淡；二是多睡觉；三是多晒太阳，多进行日光浴。

对久咳的孩子做好三个时间段的调理免疫平衡工作，一是在咳嗽初愈后调理身体，预防复发；二是在好发的季节调理，比如秋末、冬季、春初；三是开学的初期，尤其是秋季开学之后。

（5）孩子经常咳嗽的调理：不要见一病治一病，见一症治一症，应该整体调理，才能有效地治愈长期咳嗽。

○咳喘，就是咳嗽伴有喘息。因为哮喘本身就伴有咳嗽，或者是先咳后喘。要从整体调理。

○经常伴有鼻塞、鼻痒、鼻涕的咳嗽。这种咳嗽多是按过敏性鼻炎治疗，或认为是鼻涕倒流引起的咳嗽，但是治疗这种久咳不能只解决鼻塞或者鼻涕倒流问题，也要从整体免疫上去解决问题。

○经常伴发荨麻疹、湿疹的咳嗽。有这种咳嗽的孩子也要从整体免疫去解决问题。

○咳嗽伴有多种食物或者是物品过敏的孩子。要从整体调理。

○皮肤经常瘙痒的咳嗽。皮肤经常处于高敏反应状态，比如蚊虫叮咬后反应特别大，这一类咳嗽也要从整体调理。

○经常便秘的咳嗽。要从整体调理。

○经常食积的咳嗽。要从整体调理。

○咳嗽伴多汗。就是比平时的汗多，比周边其他孩子的汗多，这类孩子的咳嗽也要从整体去调理。

扫一扫
更精彩

5.乳蛾

（1）什么是乳蛾：是中医的一个病名，现代医学叫扁桃体炎。扁桃体炎有急性的，也有慢性的。扁桃体发炎可以是单侧或双侧，主要表现是扁桃体肿大、充血，或者化脓。慢性扁桃体炎是指扁桃体经常发炎，扁桃体始终处于一种肿大和轻微的充血状态。通常 10 个月以后的孩子才诊断扁桃体炎，因为婴儿的时候扁桃体还没有完全发育。孩子通常在10岁以后扁桃体就慢慢地不再发育了。

（2）扁桃体炎的表现： 孩子得了扁桃体炎，会出现发热、嗓子痛，吞咽时疼痛更加明显。还可能表现为呛咳，或者吃饭喝水时呛咳、清嗓子，大孩子有咽喉异物感。如果我们用棉签或筷子压着舌面看咽腔，可以见到单侧或双侧扁桃体肿大、充血或化脓。

（3）扁桃体炎的发病原因： 积滞体、热盛体、肝火体的孩子更容易发生扁桃体炎。①孩子免疫力低下的情况下更容易得扁桃体炎。②感冒受凉的时候容易发生扁桃体炎。③饮食不节制，特别是吃煎炸、膨化、干果或者酸性食物多了，也会引起扁桃体炎，肉类、奶类吃多了也会诱发扁桃体炎。④经常大便干结的孩子也容易发生扁桃体炎。

（4）扁桃体炎会引起严重的疾病： 小儿患扁桃体炎是很常见的，大多并不严重，但是反复发作会造成孩子免疫力进一步下降，甚至会引起心肌炎、风湿病、肾炎、过敏性紫癜，许多患这些疾病的孩子，前期都有扁桃体炎的病史。年龄小的孩子患了扁桃体炎，还可能引起脑炎。

（5）扁桃体炎的处理方法： 对于反复扁桃体发炎的孩子，应从调理免疫平衡入手。调理的原则是：急性发作者按下面方法处理治疗，等急性过去以后要调理体质状态。体质调理可以从小儿亚健康中最常见的三种偏颇体质状态即积滞体、气虚体、热盛体入手。

◎饮食清淡，多喝水、多撒尿、多睡觉、多晒太阳等。

◎食疗，桑叶、荆芥、生薏苡仁煮水，少量多次服用，还可以多吃荆芥、苦菜、苦瓜、丝瓜、冬瓜、百合、荸荠。

◎多喝梨水、莲藕水、绿豆水。

◎给大家推荐一个中药小处方：桔梗8克，荆芥8克，生薏苡仁10克，连翘8克，黄芩8克，射干8克，生大黄3克，枳壳8克，车前子10克，生甘草6克。煎服方法同本篇治疗感冒的中药煎服方法。

6.小儿肺炎

（1）什么是小儿肺炎：简单地说就是指小儿的肺部有炎症了，中医叫肺炎喘嗽。小儿肺炎比较多，最常发生，在住院患儿中肺炎占的比例最高，冬季好发。肺炎可以由各种各样的病原体感染所致，常见的有细菌、病毒、支原体。根据病变部位来分，最常见的是支气管肺炎。

（2）小儿肺炎的表现：可以用四个字概括：咳、喘、痰、热。

早期的咳嗽比较明显，咳嗽很厉害，多数伴有发热，但是喘得不太明显，仅表现孩子呼吸加快。中期发热会比较明显，咳嗽也重了，而且痰也多了，喘得也明显了，咳、喘、痰、热都明显。到后期四大症状都会不同程度减轻，可能仅表现低热，咳嗽也减轻了许多，痰也少了，基本上不怎么喘了。如果小孩子在感冒时，突然发热和咳嗽加重，那就要小心是不是转变为肺炎了。拍个胸部X线片很容易诊断出来。有经验的医师可以在肺部听到湿啰音。

（3）要特别小心的肺炎：

◎新生儿肺炎，可以表现为不咳嗽、不喘息，甚至不发热、肺部听不到啰音。往往表现为孩子不怎么吃了，也不怎么哭了，反应也比较差了，呼吸不均匀了。拍个胸部X线片有助于明确诊断。早产儿更容易得新生儿肺炎。

◎毛细支气管炎，也叫毛细支气管肺炎，简称毛支。通常发生在2岁以内的孩子，它的特点是以喘息为主，多伴有咳嗽，发热反而不那么严重；多是由病毒感染引起，反复发作特别容易形成哮喘；预防反复是关键。

◎病毒性肺炎。凡是病毒感染引起的肺炎都比较严重，很多时候是由流感进一步加重引起的，要特别注意。它的特点是发热特别高还很难退，呼吸困难比较明显，咳嗽也比较重，痰反而很少，孩子中毒症状比较明显，表现为精神差，不怎么吃东西，腹胀、呕吐，反应也比较迟钝。病毒性肺炎容易出现危重变化，要特别小心。

◎有先天性心脏病、营养不良、中重度贫血以及各种原因免疫力极度低下的孩子，如果患了肺炎就容易出现危重的变化。因此，有这些基础病的孩子得了肺炎，不能像普通孩子一样对待，要时刻注意病情变化，治疗思路也是不一样的。

（4）小儿肺炎什么情况需要及时看医生：孩子感冒了或者得了气管炎，若有一天突然出现咳嗽加重，伴有高热，突然加重的呼吸困难、精神不振，我们要小心是不是得了肺炎，要请医生及时诊治。

（5）小儿肺炎的治疗原则：

◎如果确诊是细菌性感染的肺炎，可以使用抗生素。不是细菌感染用抗生素治疗是没有效的。目前很多时候治疗肺炎有滥用抗生素现象，这样会造成很多负面的问题。

◎肺炎运用中西药共同治疗效果会更好些，尤其是病毒性肺炎运用中药会提高疗效。

◎对多次肺炎、反复肺炎的孩子，中药调理孩子的免疫功能更为重要！

◎给大家推荐一个无论是肺炎的早期、中期、后期均可以应用的中药小处方：紫苏叶 8 克，桔梗 8 克，生薏苡仁 10 克，黄芩 8 克，蝉蜕 8 克，射干 8 克，柴胡 8 克，姜半夏 8 克，蜜百部 8 克，生大黄 3 克，炒紫苏子 10 克，生甘草 6 克。煎服方法同本篇治疗感冒的中药煎服方法。

7.小儿哮喘

扫一扫
更精彩

（1）什么是小儿哮喘：简单讲就是小儿反复咳嗽和喘息，喘息是必有的症状。

其实小儿哮喘现在的定义很明确，反复3次以上，有家族病史，肺功能检测异常，过敏原接触后容易触发，有明显的季节性，运动后加重等，家长们作为非专业人员可以理解成小儿反复咳嗽伴哮喘就可以了。目前诊断和治疗有些过度。其实真正典型的小儿支气管哮喘并不多，不要轻易地给孩子早早扣上哮喘的"帽子"！

（2）引起哮喘的发病原因：比如咳嗽反复发作，发作次数频繁，进一步破坏免疫平衡。用药太多、太杂、太久也会进一步加重免疫失衡。经常咳嗽、反复气管炎、反复肺炎，特别是反复毛细支气管肺炎的小儿成为典型哮喘的可能性会增加。

（3）哮喘的治疗：哮喘应该采取分期治疗的原则。

发作期：应该中西药并举，西药为主，配合中药更利于控制病情、缩短病程，也有助于提高西药的疗效。给大家推荐一个中药小处方：紫苏叶8克，桔梗8克，黄芩8克，姜半夏8克，射干8克，白前8克，紫菀8克，蝉蜕10克，炒紫苏子10克，炒莱菔子10克，生牵牛子6克，生甘草6克。煎服方法同本篇治疗感冒的中药煎服方法。

缓解期：即病刚好，不怎么喘了，也相当于病后期。此期以中医为主，应采取扶正祛邪的原则，调理免疫功能，防止复发。要点是饮食节制，预防食遗（因饮食不节制而复发）。

未病期：就是哮喘未发病时期，相当于亚健康状态时期。此期主要是调理体质状态，前面讲的三个调理体质的茶饮方就可以使用，一个是体质虚弱的，一个是内热大的，一个是容易食积的。

病前期：相当于欲病期，就是哮喘快要发作了，或者是遇到一些诱发哮喘的因素了，比如感冒、食积、过敏，这些情况往往提示哮喘可能快要发作了。这时候用中药扶正祛邪，起到辅助正气、阻止邪气发展的作用。主要适宜于以下情况：

○有明显的饮食不节病史，如吃煎炸食物或肉类等太多。

◎有感冒的早期症状，如鼻塞、喷嚏、流鼻涕，接下来可能会出现咳嗽喘息的症状。

◎当出现一些呼吸道症状时，比如嗓子不舒服，老是清嗓子，年龄大的孩子可能说自己胸闷喘不上气，呼吸粗重，孩子深呼气或深吸气时可以听到比较明显的喘鸣音，提示早期发病了。

◎怎么控制哮喘的发作呢？给大家推荐一个中药小处方：生黄芪10克，桔梗8克，黄芩8克，姜半夏8克，槟榔8克，炒莱菔子10克，射干8克，炒苏子10克，苍术8克，蝉蜕8克，桑白皮8克，生甘草6克。煎服方法同本篇治疗感冒的中药煎服方法。

（4）**哮喘患儿的调护**：实际上哮喘的调护也非常重要，调护要注意几个原则：一是饮食要减少煎炸食物，不吃冷食；二是让孩子适度地运动和接受日光浴，特别是秋冬季节晒太阳有助于增强免疫力；三是每年的秋末到春初这段时间给孩子预防性地调理身体；四是冬病夏治。小儿哮喘秋冬季节容易发作，在夏季的时候给孩子调理体质，会减少冬天发作的频率。"冬病夏治"不一定是单单的贴敷，调理身体内部更为重要。

8.小儿鼻炎

（1）**什么是小儿鼻炎**：小儿鼻炎简单来讲，就是由病毒、细菌或者过敏物质造成的鼻腔黏膜充血、水肿、分泌物增多的一种症状表现。鼻炎分很多种，通常有过敏性鼻炎、药物性鼻炎、萎缩性鼻炎等。鼻炎又可分为急性鼻炎和慢性鼻炎。中医叫鼻窒。中医认为是正气不足，外邪侵犯所造成的肺窍不利。

（2）**小儿鼻炎的表现**：孩子得了鼻炎会出现单侧或者双侧鼻子不透气、流鼻涕、鼻子痒、打喷嚏，这些症状交替发作。鼻炎会影响呼吸，孩子往往会张嘴呼吸，这又会造成嗓子干、口唇干。长久地张口呼吸又可以造成口唇增厚、鼻甲肥厚。鼻炎还会影响进食，导致食欲下降、孩子哭闹、晚上睡觉不安稳，婴儿更是如此。大孩子患鼻炎可能会使注意力不能集中，记忆力下降，甚至头痛、头昏、疲劳，从而影响学习。鼻炎多发生于秋季、冬季和春季，夏季少一些。

（3）**鼻炎的危害**：反复长期的鼻炎可以引起鼻窦炎、中耳炎、喉炎、气管炎、鼻前庭溃疡。鼻前庭溃疡就是孩子的鼻腔以及鼻孔下面溃烂。

慢性鼻炎多是由急性鼻炎反复发作，时间长了形成的。慢性鼻炎通常会造成孩子嗅觉下降。

药物性鼻炎是因为长时间使用一些药物，损伤了鼻腔黏膜，或者是因为手术，各种外治方法使用不当，损伤了鼻黏膜所造成，所以说我们在治疗鼻炎时要及时且不能过度，特别是一些创伤性的治疗，因为孩子的鼻黏膜比较柔嫩，特别容易受到伤害。

过敏性鼻炎，这是由于免疫力量过于亢奋，孩子接触到一些过敏原或吃一些过敏食物就容易发生鼻炎，通常有过敏史或家长有过敏史的孩子更容易发生，说明过敏性鼻炎有一定的遗传倾向。

萎缩性鼻炎，鼻腔分泌物特别的臭秽，会有恶臭气味。分泌物黏稠结痂，或有少量血丝，嗅觉也会明显下降。萎缩性鼻炎多是慢性鼻炎发展而来，也可以因为用药治疗不当。比如孩子经常鼻塞不透气，经常滴些收缩血管的药物，造成孩子鼻黏膜供血不足，久而久之鼻黏膜萎缩发展成萎缩性鼻炎，这样一来治疗难度会大大增加，病程也会更长。

（4）**小儿鼻炎的处理方法**：小儿鼻炎的处理原则是增强体质，重建免疫平衡，慎用对症处理的方法。即增强孩子体质，恢复孩子的免疫平衡，针对鼻腔做一些对症处理，特别是外治的方法要慎重，药物也不可以过度使用。

◎"三多三少"处理原则：

多运动	多阳光	多沐浴	少厚衣	少零食	少肉食

处理方法：

◎冷水浴法，多做冷水面浴，就是用冷水洗脸。可配合热水足浴。通俗讲就是冷水洗脸，热水泡脚。从夏天开始逐步适应，一直持续到整个冬天。

◎经常揉按两侧鼻翼旁边的迎香穴，双手经常揉搓面颊。

◎口鼻常吸热水蒸气，特别是大孩子更适宜，要避免烫伤。

◎外用滴鼻，可以用本书附录中"处方12"，每侧鼻孔 2 ~ 4 滴，每天 3 ~ 4 次。

◎调理孩子的体质状态，主要是调理孩子常见的气虚体、阳虚体、高敏体，因为这三种体质最好发小儿鼻炎。

◎给大家推荐一个中药小处方：苍术8克，姜半夏8克，蝉蜕6克，射干8克，生黄芪10克，生薏苡仁10克，黄芩8克，生甘草6克。气虚体的孩子，加炒白扁豆8克，炒白术8克。阳虚体的孩子，加桂枝6克，干姜5克。高敏体的孩子，加车前子10克，苏叶8克。大便经常干结的孩子，加生大黄3克，枳壳8克。煎服方法同本篇治疗感冒的中药煎服方法。

扫一扫
更精彩

9.小儿积滞

（1）什么是小儿积滞：小儿积滞是病，也是病因，有时也作为一个症状。作为一个症状通常叫食积。作为病因，很多疾病是因为食积造成的。作为疾病，就是小儿积滞病，是由于饮食停滞不化而引起的一系列症状。小儿积滞也是一种身体状态，叫积滞体质状态，是不属于疾病也不属于健康的亚健康状态，只是积滞体这种亚健康状态主要问题集中在肠胃上。

（2）小儿积滞的表现：吃饭不好、吃得少，食欲不振、胃口差，或者吃得还可以，但是消化不了，常常还会伴有腹胀、口臭、呕吐、舌苔厚、大便酸臭或大便有太多不消化食物残渣，睡觉不安稳、夜惊、哭闹、频繁磨牙、肚子痛、情绪不好等，这些症状都可以由积滞引起。

（3）小儿积滞的危害：一是会影响消化吸收功能，造成孩子脾胃方面疾病的增多，积滞本身就是个病；二是作为病因，还可以引起呕吐、腹泻、夜啼、腹痛这些疾病；三是积滞容易引起感冒，孩子一旦食积了会比平时更容易患感冒、流感以及传染性疾病，如手足口病、疱疹性咽峡炎、水痘、猩红热、腮腺炎等，这些传染性疾病在孩子食积状态下更容易被传染，所以在传染性疾病的好发季节要避免孩子食积；四是食积了容易诱发咳嗽、扁桃体炎、肺炎、哮喘、鼻炎，这些肺系疾病在食积了以后更容易复发，反过来讲就是经常患这些病的孩子要注意饮食节制；五是食积的孩子容易引起发热。

另外，食热证的孩子在发热过程中白细胞会升高。常常有家长问笔者，孩子因食积导致的发热，要不要用抗生素呢？答案是不建议使用抗生素！因为食积的孩子实验室检查（抽血化验）白细胞往往增高，但这个增高和传统的细菌感染是不一样的，这种白细胞增高是食积造成的，不是感染某些细菌所导致的。积滞引起的发热在临床比较常见，我们要注意有三大信号，一旦出现了，预示孩子离发热就不远了。若是早发现、早调理，就会避免这种积滞发热。

哪三大信号呢？一是腹胀，拍拍孩子肚子是不是特别胀，尤其是早上起来更明显；二是看看舌苔是不是又厚、又腻、又白，舌苔厚也是食积的一个重要信号；三是孩子前一天是不是有饮食不当的情况，比如到外面吃饭了，吃什么不太容易消化的东西多了，吃零食多了，再回忆一下晚上是不是睡觉不安稳，早上起来闻闻孩子的口气臭不臭。如果出现了三大信号，那么孩子可能快食积发热了。

经常反复地食积，日久影响到孩子的生长发育，如长得瘦、长得慢，甚至大点的女孩子会出现内分泌紊乱、月经不调。

（4）小儿积滞的原因：

○饮食不节。包括不规律，不适量，不合理。不规律就是不定时；不适量就是过多过杂；不合理就是经常强喂孩子，挑食严重，流质饮食太多，断奶太晚，添加辅食不及时等。孩子肠胃特别脆弱，稍微饮食不当就容易积滞。

○运动不够，睡眠不够。二者都能影响到孩子的肠胃功能，这在第二个坎儿中的"睡好，玩好"里已经谈了。总之是没有做到"睡好"和"玩好"。

○情绪原因。经常被责骂，学习压力比较大；家庭不和睦，多愁善感的孩子，肠胃功能往往也是不好，容易食积的。

○药物原因。经常吃药，比如抗生素和一些苦寒类清热泻火的药物，久而久之伤及肠胃，容易积滞。

○某些疾病的原因。疾病本身可以伤及肠胃，疾病之后又缺乏调理康复，久而久之损伤肠胃功能，容易积滞。

（5）小儿积滞的处理方法：一是要规避上面提到的容易引起积滞的病因；二是做好"第二个坎儿"中的怎么"吃好"；三是平时经常积滞的孩子可以用些"食积消化茶饮方"调理孩子的积滞体质状态。

给大家推荐一个中药小处方：苍术8克，槟榔8克，茯苓8克，炒莱菔子10克，黄芩8克，生栀子8克，炒苏子6克，枳壳8克。胃口差，食欲特别不好者，加炒麦芽10克，炒白扁豆8克。腹胀明显者，加生大黄3克，陈皮8克。发热者，加生大黄3克，连翘8克。夜眠不安者，加蝉蜕6克，姜半夏8克。大便干结者，加生大黄3克，厚朴8克。兼有感冒者，加藿香8克，连翘8克。兼有咳嗽者，加桑白皮8克，炙枇杷叶8克。兼有扁桃体肿大者，加射干 8 克,生薏苡仁 10 克。煎服方法同本篇治疗感冒的中药煎服方法。另外,也可以用这个小处方煎煮后泡浴、沐足。

10.小儿厌食

（1）**什么是小儿厌食**：又称纳呆、食欲不振、不思饮食。主要是指孩子长期食欲不振,对吃饭不感兴趣。注意点是长期！如果只是偶尔一两天的食欲不怎么好不诊断为厌食。

（2）**小儿厌食的表现**：一是长时间不爱吃饭,夸张点说就是"吃饭比吃药还难",吃饭特别慢,对各种食物都不感兴趣;二是只喜欢吃某单一的食物,就是偏食,偏食也属于厌食;三是大量地吃零食,不爱吃饭;四是常常在吃饭的时候干呕或者情绪抑郁,甚至一吃饭就肚子不舒服,一吃饭就这儿痛或那儿痛。

（3）**小儿厌食的发病原因**：一是不良的饮食习惯是导致厌食的主要原因,比如吃饭不规律,强食强喂,偏食严重,荤素搭配不合理,添加辅食太晚、不合理,零食、甜食过度,吃饭次数太多,肠胃"工作与休息"无度,详细内容可以参考"孩子生长的第二个坎儿"中的相关内容;二是先天不足,父母的肠胃功能不好,孩子的肠胃功能也差,或者是很小的时候,通常指 1 岁以内喂养不当,肠胃功能比较差;三是情志因素,经常强迫进食,责骂,家庭不和睦,详细内容可以参考"孩子生长的第二个坎儿"中愉悦就餐相关内容;四是睡眠不足,经常睡眠时间不够,或睡眠质量不好,或睡眠不规律,比如昼睡夜醒;五是运动不足,孩子太过喜静,缺乏有氧运动,肠胃功能也弱,久而久之食欲不振;六是某些疾病和药物的影响,许多疾病都会影响孩子的消化功能,疾病或药物伤及肠胃,如抗生素、苦寒类中药等。疾病经治疗虽痊愈,但没有调理脾胃功能,孩子的脾胃功能并没有完全康复,时间久了形成厌食。

（4）小儿厌食的危害：

◎影响孩子生长，甚至影响发育，表现为身高、体重增长缓慢。

◎能量储备不好，孩子容易疲倦，长大了体力下降，甚至影响学习、注意力不集中。

◎厌食与肝脾密切相关，长时间厌食导致肝气不疏畅，影响情绪，或急躁易怒，或情绪低落，或无精打采。

◎影响免疫平衡，一是免疫力低，容易感冒有病；二是某种免疫力过度亢奋，容易过敏。

（5）厌食的处理方法：

◎详细内容可以参考"孩子生长的第二个坎儿"中的"吃好"。怎样让孩子吃好的道理很简单，选择"饥不择食"的办法去慢慢训练孩子。同时，还要保证吃饭的时候心情愉悦。

◎纠正或改变上面导致厌食的因素，规避、去除不利饮食的因素。

◎轻微的厌食可以用本书附录中的"处方1"。

◎给大家推荐一个中药小处方：苍术8克，炒白术8克，炒白扁豆8克，黄芩8克，连翘8克，焦神曲10克，炒牵牛子6克，也可以加炒麦芽10克，炒莱菔子10克，加强消食的力量。大便干结者加生大黄3克。另外还可用本书附录中的"处方14"且长期食用。

11.小儿腹泻

（1）什么是小儿腹泻：是指小儿的大便次数增多，大便稀薄，通俗地讲就是小孩拉肚子了。腹泻属于现代医学的一个疾病名称，中医叫泄泻。腹泻有感染性腹泻，如吃了不清洁食物引起的细菌性肠炎、痢疾等，感冒、肺炎等肺系疾病也可能伴随出现腹泻的症状。非感染性腹泻多因饮食不节制、消化不良引起，也就是吃多了，或腹部受凉，或吃凉东西导致的。

（2）**小儿腹泻的危害：**

◎腹泻会引起腹痛、呕吐，反复腹泻会影响营养物质的消亿吸收，进而影响生长。

◎腹泻可以引起脱水、电解质紊乱。什么表现提示脱水呢？若是小孩腹泻量大、次数又多就很容易引起脱水。如果出现了尿少、口渴、口唇干燥、眼窝凹陷、前囟门凹陷、皮肤弹性差、精神差等现象，很可能就是脱水了，要及时到医院，及时补充水和电解质。

◎长久腹泻会影响免疫力，造成日后容易生病。

◎严重的感染性腹泻，如果控制不及时可以造成严重的并发症甚至死亡，如中毒性痢疾。

（3）**小儿腹泻处理方法：**感染性腹泻要请医生诊治。非感染性腹泻可以在家尝试下面的一些方法。

◎对于吃多了引起的腹泻，首先要适当限制饮食，少吃一点，可以吃些粥、糊涂面、软米饭、烤馒头片等容易消化的食物。

◎揉摩一下肚子，通常顺时针 3 次，逆时针 1 次，反复多次，助力孩子的消化功能。

◎多给孩子喝些加有小苏打（食用碱）煮的粥，黏稠些、热些，可以不限量地让孩子吃。一是粥本身可以止泻；二是补充水和电解质，纠正轻度脱水。

◎多给孩子喝些淡盐水或药店很容易买到的纠正或预防脱水的药物。

◎让孩子吃一些助消化的药物，如乳酶生片、酵母片、乳酸菌素片、复合维生素 B 片。消食的中成药如消食片、化积口服液等。

◎频服本书附录中的"处方 1"。

◎尽量不用止泻的药物，尤其是感染性腹泻，如果用了止泻的药物，肠道的细菌不容易排出，"闭门留寇"，反而加重病情变化。过早地使用止泻药也会使肠胃中未消化的食物蓄积发酵，容易形成腹胀，尽管暂时腹泻好转了，但不会完全治愈。

◎对腹部受凉，就是凉着肚子了的腹泻，可以用大青盐炒热后热敷肚子，以肚脐为中心，每天 2 ~ 3 次。

◎除了感染性腹泻外，不要随意使用抗生素，以免影响肠道正常菌群，使腹泻更不容易治愈。

（4）婴儿腹泻的注意点：通常婴儿腹泻，特别是 6 个月以内婴儿的腹泻不容易治愈。尽管这样，我们也不要过度地治疗。推荐一些家庭可以掌握的治疗方法。

◎可以用大青盐炒热后给孩子热敷肚子，以肚脐为中心，每天 2 ~ 3 次。

◎给大家推荐一个中药小处方：可用本书附录中的"处方 16"加葛根 12 克，白茅根 15 克，神曲 10 克，藿香 10 克，冲水，每天分 3 次服。也可以用这个方的中草药煎煮后少量频服。

◎给孩子煮些山药粉粥，每天 1 ~ 2 次。

◎对于已经添加辅食的孩子可用本书附录中的"处方 14"，同时可以在粥里面加点芡实（芡实不易煮烂，可以将芡实先用凉水浸泡 4 小时以上，滤出多余的水，然后再将充分泡透的芡实在冰箱冷冻一晚上）。

◎许多婴儿的腹泻会被诊断为生理性腹泻，这样是不准确的。腹泻有时候不影响孩子吃，甚至短时间也不影响体重的增长，但是长期腹泻会显著影响孩子的免疫功能。

（5）食物不耐受性腹泻：是指有些孩子长时间腹泻不好，医生认为是对牛奶或其他食物不耐受，让孩子改食用水解奶粉，限制某种食物的摄入。笔者的观点是不要随意地诊断为食物不耐受性腹泻，因为小儿腹泻有多种原因，及时地通过调理脾胃往往都能解决问题，随意限制饮食会影响孩子的营养均衡。

（6）**母乳性腹泻**：真正的母乳性腹泻很少。母乳性腹泻指的是孩子可能对母乳的某种成分过敏，吃了母乳容易腹泻，但是目前母乳性腹泻诊断过于宽泛，过早断了母乳，日后会影响孩子的免疫功能。临床中发现有许多母乳时间不够的孩子更容易生病。

（7）**吃得多拉得多的腹泻**：这种腹泻的特点是吃得多拉得也多，不怎么长胖，多是饭后即去拉，水果吃多了也容易拉。在中医来讲这与"脾肾阳虚"有关，现代医学叫功能性消化不良。这种腹泻的孩子吃得很多，食物不能充分地消化吸收，进一步加重肠胃的负担，导致越吃肠胃越受不了，脾胃越虚弱拉得越多的恶性循环。建议家长用下面的方法进行家庭处理。

◎让孩子吃热、软的食物，多喝粥，因为粥养胃，水果不宜吃太多。

◎给大家推荐一个中药小处方：太子参8克，炒白术8克，炒白扁豆8克，茯苓10克，葛根10克，黄芩8克，炮姜6克，木香10克，车前子10克，补骨脂8克，陈皮8克，生甘草6克。煎服方法见本书附录中的"煎煮和用法2"。

◎用热盐包敷孩子的肚子，每天1～3次，持续一段时间。

扫一扫
更精彩

12.小儿腹痛

（1）**什么是小儿腹痛**：小儿腹痛是一个中医病名，通俗地讲叫肚子痛。主要表现是腹部间断性疼痛，通常疼痛比较轻，可自行缓解，很少有疼痛比较厉害的。疼痛的部位以肚脐周围为多，其次是上腹部，就是肚脐的上面，或者是左下腹部疼痛。这里和大家聊的小儿腹痛排除了引起腹痛的严重性疾病，如阑尾炎、肠套叠等。

（2）**严重性疾病的腹痛**：

◎阑尾炎。阑尾炎的疼痛比较厉害，而且不容易缓解，常常伴有呕吐、发热。

通常疼痛的部位在右下腹部，而且右下腹有明显的压痛和反跳痛，按压右下腹部疼痛明显，压下去的手猛然抬起疼痛会更厉害，这就叫反跳痛。

◎肠套叠。小儿肠套叠的疼痛也是比较厉害，小孩子往往表现为突然哭闹，可伴有呕吐，腹部隐隐可以摸到一个像腊肠或杯子口一样的包块，到后期可以见到像苹果酱一样颜色的大便。

◎肠炎或者痢疾的腹痛。其疼痛往往持续时间比较长，可以伴有大便稀、黏液样大便、脓血便，常有发热。

家长们一定要了解上面这些腹痛的早期信号，若孩子出现上面的症状，要立即去医院，请专业医生诊治。

（3）小儿腹痛处理方法：在排除上面严重疾病的腹痛后，可以采取下面的措施。

◎因为饮食不节而造成的功能性腹痛，只要注意节制饮食，别吃得太多，再给孩子吃些前面讲的助消化药物，揉摩腹部，一般腹痛都能有所缓解。

◎腹部受凉或吃凉食物引起的腹痛，多喝热汤、热水，用热盐包敷敷肚脐周围大多也能缓解。

◎经常大便干结的孩子，用吹风机热吹一会儿孩子的腹部，并反复揉摩腹部，刺激肠道的蠕动，也可临时用开塞露挤入肛门，促使排便。

◎给大家推荐一个中药小处方：苍术 8 克，炒白扁豆 8 克，炒莱菔子 10 克，木香 10 克，炒牵牛子 5 克，枳壳 8 克，炒白芍 6 克，生甘草 6 克。煎服方法见本书附录中的"煎煮和用法 2"，每周 3 ~ 4 剂。

（4）小儿腹痛的常见问题：

◎小儿腹痛是肚子里有虫了吗？很多情况下不是寄生虫的问题，很可能是因为饮食不节制或腹部受凉了，只要按照上述方法处理就可以了。

◎小儿腹痛是肠系膜淋巴结发炎引起的吗？小儿腹痛的时候一般会做腹部

B超检查，通常检查结果会报告"肠系膜淋巴结炎"，正常情况下肠系膜淋巴结在小儿生长的过程中会稍微大些，不建议小儿腹痛过多诊断为肠系膜淋巴结炎。肠道功能紊乱从而引起淋巴结发炎，是肠胃功能异常的问题，不宜按肠系膜淋巴结炎去处理。

◎孩子腹痛是装出来的吗？有时候家长会说："孩子老说肚子痛，一会儿又好了，也不知道是真是假，不管又怕耽误了。"其实多数疼痛是真的，除非孩子总是在某种特定的情况下才说腹痛，比如不想去幼儿园了，不想上学了或不想吃饭了等。

◎小儿腹痛能吃止痛药吗？最好是不吃止痛药，止痛药会掩盖症状更容易造成误诊，只要疼痛不厉害就不要轻易用止痛药，如果用也应该在医生的指导下服用。

◎小儿腹痛会是癫痫吗？医生说孩子腹痛可能是得了癫痫，这是有可能的！有一些孩子的癫痫发作会以腹痛为主要表现，如果怀疑是癫痫，及时做个脑电图就可以确诊了，这种癫痫其实是很少的。

总之，小儿腹痛应注意饮食节制，腹部注意保暖，轻症腹痛一般无须特别的治疗，配上中药小处方调理一下肠胃就解决问题了。

13.小儿便秘

扫一扫
更精彩

（1）什么是小儿便秘：就是指小儿的大便干结如球状，或者大便不太干结，但是颜色深，数天1次。或者大便虽然还不成形，但只要是好多天1次，仍然应该归到便秘的范围。小儿便秘可以见于各个年龄段。

（2）小儿便秘的危害：

◎便秘可以造成孩子内热大，时间长了形成热盛体，甚至肝火体，也会引起高敏体。

◎便秘影响孩子的食欲，长时间会造成积滞，使孩子生长缓慢。

◎便秘可以引起或者诱发好多疾病，比如感冒、扁桃体炎、咳嗽、鼻炎、麦粒肿、口腔溃疡、唇炎等，这些疾病都跟长时间的便秘有直接或间接的关系。

◎便秘可以引起很多过敏性疾病，最常见的有过敏性鼻炎、荨麻疹、湿疹。

◎便秘日久可引起小儿皮肤粗糙、瘙痒，皮肤的高敏反应。

◎便秘会影响孩子的睡眠，造成夜眠不安、夜惊、易醒。

◎便秘日久可引起小儿痔疮、肛裂、脱肛、疝气。

◎便秘可以引起腹痛、鼻衄等。

◎长期便秘可以引起急躁易怒，可以引起抽动障碍、多动症。

（3）小儿便秘的发病原因：

◎饮食因素。饮食不节是引起小儿便秘的主要原因。如过多地食用煎炸、膨化食物，饮水太少，肉类和奶类食物吃得过多，粗粮、蔬菜、水果吃得太少，食物太过精细。

◎运动不够，多静少动。运动得太少，肠道的肌肉发育不好，蠕动功能较弱。

◎过多地使用抗生素，影响肠道功能。干扰肠道正常菌群也会引起便秘。

◎环境改变。突然生活环境改变，小孩子排便习惯受到干扰也容易引起便秘。如外出或者刚刚去幼儿园时期。

（4）小儿便秘的处理方法：

◎调节饮食习惯。避免上述的不良饮食习惯，应在餐后吃水果。

◎多做户外运动。通常饭后1小时左右，让孩子去户外运动一下，有利于肠道的蠕动。

◎吃些具有通便作用的食物。如胡萝卜、莴笋、蘑菇、木耳、丝瓜、荸荠、南瓜、红薯、玉米粥、小米粥、梨、香蕉、西瓜等，这些食物家长们可以经常适量地让孩子吃些。

◎摩腹法。反复按顺时针3次，逆时针1次的方法，轻揉腹部，刺激孩子肠道蠕动。

◎热敷法。用热盐包或热水袋时常敷敷孩子的腹部，或者腹部垫个毛巾，用吹风机顺时针吹热腹部。

◎坐浴法。用适度热水让孩子经常坐浴，刺激肠道的蠕动，利于排便。

◎给大家推荐一个中药小处方：苍术 8 克，枳壳 8 克，黄芩 8 克，炒莱菔子 10 克，生地黄 10 克，生大黄 3 克，焦神曲 10 克，生白芍 8 克。煎服方法见本书附录中的"煎煮和用法 2"。

扫一扫
更精彩

14. 小儿口疮

（1）什么是小儿口疮：通俗地讲就是口腔发炎了、长疮了，是指孩子的口腔黏膜或者舌面、口角、口唇等发生溃烂。经常或反复不愈合的口疮又称复发性口疮。新生儿或婴儿口腔有白色膜状物附着在口腔黏膜、舌面、口唇内侧，西医称为急性假膜型念珠菌性口炎，中医叫鹅口疮、雪口。

（2）口腔溃疡的危害：口腔溃疡影响孩子的哺乳、进食，疼痛可以引起孩子哭闹、口水增多，甚至影响孩子的睡眠，严重的可能引起发热。

（3）口疮的发病原因：

◎食积、大便干结、内热大的孩子容易引起口疮。

◎过多地使用抗生素，经常使用消炎药，抑制口腔正常菌群，容易引起口疮，特别是急性假膜型念珠菌性口炎。

◎任何原因造成的孩子免疫力低下，是引起口疮特别是反复口疮的重要原因。

◎经常吃膨化、煎炸、干果、酸性食物的孩子容易引起口疮。

◎某些疾病可伴有口腔溃疡，比如疱疹性咽峡炎、手足口病、流行性感冒。治好这些疾病，口疮也就好了。

（4）口腔溃疡处理方法：

◎应避免吃上面提到的食物。

◎多让孩子喝些加有食用碱煮的粥，多吃蔬菜、水果。

◎也可以补充些维生素 C、复合维生素 B 以及肠道的益生菌类药物，比如乳酶生片、乳酸菌素片等。尽管小儿口疮不一定都是维生素缺乏所造成的，但是补充维生素是有益于口疮的愈合的。疳证、营养不良的孩子其口腔溃疡往往和维生素缺乏有关，应该及时补充维生素。

◎用 5% 的碳酸氢钠涂抹，每天 3 次。

◎若是急性假膜型念珠菌性口炎，可以用制霉菌素片碾压成细末，加入适量的纯净水，用棉签涂抹口腔溃疡处，每天 2 ~ 3 次。

◎给大家推荐一个中药小处方：生薏苡仁 10 克，茯苓 10 克，黄芩 8 克，生栀子 8 克，生牵牛子 6 克，车前子 10 克，焦神曲 10 克，槟榔 8 克。煎服方法见本书附录中的"煎煮和用法 2"。特别是反复口疮的孩子，每周服 3 ~ 4 剂，可以有效地预防口疮的复发。

15.小儿异食症

扫一扫
更精彩

（1）什么是小儿异食症：也叫异食癖，就是小儿吃东西出现特殊的嗜好，对不应该吃的东西出现了难以控制的咀嚼和吞食现象。1 ~ 5 岁的婴幼儿多见，但是近些年异食症在小学生、初中生，甚至高中生中也会见到。

（2）小儿异食症的表现：

◎最常见的有吃自己的手指甲或者脚趾甲。

◎吃头发，咀嚼衣服、被褥，啃食铅笔头、玩具等。

◎吃生米、生肉，过度地喜欢吃咸味、辣味、酸味食物也应该归属异食症的范围。

◎有少部分吃烟头、土块、煤渣，吮吸或咀嚼金属物等。

（3）小儿异食症的发病原因：

◎精神因素，如精神紧张，压力大，家庭不和，孩子经常受到批评责怪，这些不良的精神刺激会引起小儿异食症。

◎某些微量元素的缺乏可以引起小儿异食症，比如缺钙、缺锌。但是要明确诊断，不能一有异食症就盲目地补充微量元素，微量元素少了不好，但是多了更不好。

◎肠道寄生虫因素，可以给孩子定时化验一下大便虫卵，或2岁以后的孩子每1～2年预防性地服一次驱虫药。

◎长期的积滞、厌食、疳证可能出现异食现象。

（4）小儿异食症的危害：

◎会造成部分孩子的营养不良。

◎经常食用某些特殊的物质会造成中毒。

◎增加孩子的自卑心理。

◎影响学习。

◎可能引起肠道的梗阻。比如说吃头发、棉花、烟蒂等，就可能引起肠道的梗阻。

（5）异食症的处理方法：

◎养成良好的饮食习惯，虽然简单，但是却很有效，我们应该遵循"孩子生长的第二个坎儿"中"吃"的原则，不偏食、不强喂、不责骂。

◎建立良好的亲子关系，减轻孩子的压力，当孩子异食行为发生时家长应该及时分散孩子的注意力，不要责怪，更不能打骂。

◎多户外活动，丰富孩子的运动项目种类，显著增加运动强度。

◯定期或不定期给孩子打打虫。

◯食疗上多吃山药、莲子、百合、胡萝卜、芋头、莲藕、竹笋、蘑菇、木耳等。

◯给大家推荐一个中药小处方：太子参8克，炒白术8克，青蒿8克，鸡内金8克，茯苓10克，生龙骨12克，生地黄12克，炒牵牛子6克。煎服方法见本书附录中的"煎煮和用法2"。每周3～4剂，4周为1个疗程，可以用1～3个疗程。

◯抚触、捏脊、推拿、摩腹、针刺四缝穴也有一定的效果。

扫一扫
更精彩

16.小儿唇炎

（1）**什么是小儿唇炎**：是指小儿上下口唇及周边潮红、粗糙、干裂、瘙痒、烧灼感、触痛、结痂、肿胀，甚至糜烂。孩子经常用舌头舔润上下口唇，这种现象在中医叫舔舌。唇炎往往会反复发作，时轻时重，反复发作时间久了可能造成唇部肥厚，影响容貌、进食以及语言困难。反复发作越久治疗难度就越大，所以说孩子得了唇炎要尽早调治。

（2）**小儿唇炎的发病原因**：现代医学认为小儿唇炎与免疫失衡有关。中医认为是由于心脾积热造成的，也就是内热较大，特别是心热、血热、肠胃热。与饮食不节制，睡眠不好，滥用药物有关。

（3）**小儿唇炎的处理方法**：

◯节制饮食，吃清淡，多喝粥，少煎炸食物，少肉类食物。

◯保持大便通畅，多喝水，保持小便清长不黄。

◯给大家推荐一个中药小处方：生黄芪10克，生地黄10克，黄芩8克，生薏苡仁10克，青蒿8克，生大黄3克，车前子10克，桑白皮8克。煎服方法见书后附录"煎煮和用法2"。

◯给大家推荐一个中药小处方：本书附录中的"处方12"，煎煮后外涂双唇，每天 3 ~ 4 次。使用方法见本书附录中的"煎煮和用法 3"。

扫一扫
更精彩

17.小儿中耳炎

（1）**中耳炎**：是小儿常见的病症，通常指小儿的中耳腔发生了炎症，而且炎症多数属于化脓性的。小儿中耳炎有急性和慢性的区别，急性中耳炎反复发作就容易形成慢性中耳炎。

◎感冒了可以并发中耳炎，也就是说上呼吸道感染容易引起中耳炎，这是从内感染的。

◎从外感染的，"脏东西"流到耳腔里边了，没有及时清除，感染到了耳腔，有时婴儿吐乳后，顺着面颊流入耳腔，没有及时发现清除也会引起中耳炎。

◎免疫力低下或者长期营养不良、贫血的孩子更容易发生中耳炎。

（2）**中耳炎的注意点**：

◎患过急性中耳炎的孩子，应避免感冒，预防反复，降低形成慢性中耳炎的概率。

◎患了急性中耳炎应及时、快速地治愈，治愈后调理体质，防止再发或转为慢性。

◎急性化脓性中耳炎是可以用抗生素的，但是不能滥用，避免对肠胃造成影响。

◎中耳炎可以引起乳突炎，就是乳突骨内也发炎了。孩子患了中耳炎，如果出现疼痛哭闹得厉害或伴发热，要及时请医生诊治。

◎中耳炎可以引起面部神经感染，从而导致面神经麻痹，出现口眼㖞斜。

◎中耳炎可以引起脑膜炎、脑内脓肿。孩子患了中耳炎，如果出现发热、呕吐、头痛或者神经方面的症状，要及时诊治。

◎中耳炎外用药时，应及时更换用于外治的引流条或填塞物，避免留置太久，否则会加重感染。

◎对于上呼吸道感染引起的急性中耳炎，特别是非化脓性的中耳炎，以治疗上呼吸道感染为主，而不要把治疗的重点完全放到耳腔。

18.小儿疳证

（1）**什么是小儿疳证**：是中医的一个病名，是指小儿形体非常消瘦，肌肉消脱，腹大青筋暴露，毛发焦枯，面色萎黄，皮肤干燥，精神不振等，是中医古代四大要证之一，比较难调治。相当于现代医学的重度营养不良、慢性营养障碍的范畴。在现代生活和医疗条件下仍然有不少孩子发病，应引起注意。

（2）**小儿疳证的发病原因**：

◎饮食不节制、偏食、搭配不合理，积滞、厌食长期调理不当，日久可以引起疳证。

◎外感因素。反复的呼吸道感染或者长期的腹泻伤及脾胃，久而久之，形成疳证。

◎病后失调。某些疾病之后缺乏调理康复形成疳证。

◎虫证。长期的肠道寄生虫，影响营养物质的吸收，可以形成疳证。

◎药物影响。长期使用抗生素，或经常用苦寒类中药伤及肠胃引起疳证。

◎稍大的孩子长期情绪不好。比如思虑过度，精神压力大，长期焦虑、抑郁等也可以引起疳证。

（3）**小儿疳证的危害**：

◎影响孩子生长发育，身高、体重都低于同龄孩子，甚至影响心理健康、智力发育。

◎免疫力下降，易发感染性、传染性疾病，就是疳证的小孩子更容易生病。而且生了病难好、易反复。

◎容易引起口腔、牙龈、皮肤、鼻腔、中耳等部位的溃疡。

◎疳证容易引起难治性腹泻、痢疾、浮肿、视力下降、贪食或异食症。

◎疳证可以导致小儿精神抑郁或性格异常。

（4）小儿疳证的处理方法：

◎调节饮食。详细内容参考"孩子生长的第二个坎儿"中的"吃好"。特别提醒清淡饮食是很重要的，"甘淡养胃"，就是让孩子多喝些粥，以米面食为主。坚持长期饮食调理是治疗小儿疳证的重要方法，"山药百合小米粥"可以长期食用。对善饥多食，就是吃得多、拉得多，不长肉的小儿适度限制饮食，避免肠胃负担过重。不偏食、不重口味，避免"孩子生长的第二个坎儿"中讲的"七个过"。

◎增加户外活动，让孩子心情愉悦。

◎调理孩子的免疫平衡，减少肺系疾病的发生。

◎食疗常选用的食材有山药、南瓜、小米、莲子、百合、芡实、羊肉、海虾、芋头、炒薏苡仁、鲫鱼汤等。

◎给大家推荐一个中药小处方：炒白术 8 克，太子参 8 克，葛根 10 克，青蒿 10 克，鸡内金 6 克，炒白扁豆 8 克，煅龙骨 12 克，生地黄 10 克，焦三仙（焦神曲、焦山楂、焦麦芽）各 8 克，甘草 6 克。煎服方法见本书附录中的"煎煮和用法 2"。可长期调理，也可以由专业医师酌情加减变化。

◎推拿、捏脊方法也有效，但是注意推拿和捏脊的力度，不能太重，要力度柔和。

19.小儿汗证

扫一扫
更精彩

（1）什么是小儿汗证： 是指小儿全身和某些部位出汗过多。小儿出汗通常比大人要多些，只要不是过度，可以不作为疾病来诊断。如果出汗比平常明显增多，或比同龄小朋友明显多，可作为疾病看待，需要进行干预。汗证有虚汗和实汗之分。

（2）**小儿出汗多的危害**：过度地出汗会损耗孩子的阳气和津液，使身体更虚弱。过多地出汗也会使汗毛孔经常开启，增加外感风寒患感冒的机会。

（3）**晚上出汗和白天出汗的区别**：中医认为白天出汗多叫自汗，多是气虚造成的。夜里出汗多叫盗汗，多是阴虚造成的。但是，小儿与成人不同，通常不区别自汗与盗汗，把多汗总称为汗证，孩子伴有其他明显气虚或阴虚症状时才区别诊断自汗或盗汗。睡觉初期出汗稍多会见于大多数的孩子，以头部或后背为主，如果没有什么明显的阴虚症状不需要治疗。但是，内热大、食积、大便干的孩子也容易夜里出汗。

（4）**虚汗和实汗的区别**：虚汗是指因为身体虚弱出汗多了，多由于某些疾病后或孩子身体虚弱引起的。气虚体和阳虚体的孩子容易出虚汗。实汗是因为内热大才出汗多，通常见于大便干、喜欢冷饮、多食膨化和煎炸食物、多食肉类和奶类的孩子，饮食不当导致体内内热大，容易出实汗。热盛体、肝火体、积滞体的孩子容易出实汗。

（5）**小儿多汗的发病原因**：有些孩子稍有活动就大汗淋漓，主要有两个原因，一是大便干结；二是穿得太厚。除了清热消食外，在孩子运动的刚开始就应该减少衣服。即使外界温度低，只要风不大，就该提前减少衣服，让孩子出汗慢一些。静下后要及时地擦干汗，穿衣避风。大部分汗证并不是因为缺钙所造成的，缺钙可以引起多汗，但是多汗并不都是因为缺钙，家长给孩子补钙和补维生素 D 的时候要慎重。

（6）**汗证的处理方法**：

◎虚汗食疗法。可常食本书附录中的"处方14"。另外，多食用芡实、莲子。也可用本书附录中的"处方2"进行调理。

◎实汗食疗法。可用本书附录中的"处方15"或"处方3"以及"处方1"进行调理。

20.小儿夜啼

（1）**什么是小儿夜啼**：是中医的一种病名，是指小儿夜晚哭闹，时哭时止，或整晚哭闹，但是白天能安静入睡，1岁以内的小孩子多见。因为小孩子不会表达或者表达不准确，因此有什么不舒服往往以哭闹的形式表达。特别是晚上哭闹，使家长不知所措。孩子哭闹可能存在的问题参考"孩子生长的第一个坎儿"中的"哭"。

（2）**小儿夜啼的原因及处理方法**：

◎食积。白天吃多了，特别是肉吃多了，食物不消化，肠胃不舒服，引起哭闹。处理方法：节制饮食，少吃，并吃得清淡一些，再吃些助消化类的药物很快就好了。也可用本书附录中的"处方1"。

◎内热。孩子内热大、出汗多、手足心发热、喜吃冷饮。内热大，扰乱了孩子的心、神功能，引起夜啼。处理方法：让孩子多喝水、多排尿，少吃肉类、奶类食物。附录中的"内热清解茶饮方"可用。

◎惊吓。有明显被吓着的病史，因此夜晚出现哭闹，常常伴有夜惊，哭闹时有惊恐状态，寻求大人拥抱。处理方法：让孩子白天多做一些户外活动，分散注意力，让孩子体能上累一些。给大家推荐一个中药小处方：蝉蜕10克，每天水煎3次服3次，每次煎煮5分钟。

◎中寒。腹部着凉了，就是凉着肚子了，或者凉东西吃多了，肠胃受寒，引起肠胃痉挛，夜里出现腹痛哭闹。处理方法：用热盐包给孩子敷敷肚子，每天2～3次。也可腹部盖上毛巾，用吹风机的热风沿腹部顺时针方向吹，每天2～3次。给大家推荐一个中药小处方：艾叶8克，蝉蜕6克，加少量红糖用水煎煮后让孩子当水喝，每天2次。

○缺钙。小儿缺钙会经常夜哭，多见于婴儿，秋冬季节好发，少见阳光或营养不均衡，或经常腹泻影响钙的吸收。多伴有夜晚惊战、多汗、枕后环形脱发等。处理方法：多晒太阳，补充些维生素 D、钙剂。如果是母乳喂养的，母亲也应当补充钙剂，这样孩子很快就会好了。

总之，哭闹是孩子不太舒服的一种表现，要密切观察，避免一些严重疾病的误诊，如外伤、肠套叠、颅内出血、痢疾等疾病，一旦怀疑要及时请专业医生诊治。

21.小儿鼻腔出血

扫一扫
更精彩

（1）**什么是小儿鼻腔出血**：通常表现为鼻腔的一侧或两侧出血，出血量或多或少，晚上出血更多些。如果是晚上出血，孩子会将血液吞咽到胃里边，呕吐物带血或者大便色黑、化验后潜血阳性，这其实是鼻腔的血流到了胃肠道。

（2）**小儿鼻腔出血的注意点：**

○小儿鼻腔出血多数是肺热、胃热或鼻炎引起的。像白血病、血小板减少性紫癜、再生障碍性贫血等严重疾病引起的鼻腔出血较少。所以，孩子鼻腔出血家长不必紧张，化验个血常规，排除一下严重的疾病。

○孩子一旦发生鼻腔出血，往往会短时间内反复出血多次，这会导致家长很紧张。鼻腔是个有菌环境，愈合相对较慢，出血后结痂不牢固，因结痂鼻腔不舒服，孩子总有意无意地揉鼻子，导致反复多次出血，所以只要每次出血的量不大是没问题的。

○孩子为什么会鼻腔出血呢？一是内热大、大便干的孩子容易鼻腔出血，平时让孩子少吃易上火的膨化、煎炸食物；二是反复鼻炎的孩子容易鼻腔出血，因为鼻腔有炎症，会影响到鼻腔的毛细血管，鼻炎引起的鼻腔出血要及时治疗鼻炎；三是食积引起的鼻腔出血，让孩子少吃肉类、奶类食物，要注意荤素搭配。

○小儿鼻腔出血如何处理？常用的外治方法是塞鼻子，填塞鼻腔时要注意，填塞物不要太多，否则会影响孩子呼吸，或导致孩子鼻腔不适而出现烦躁哭闹，也不要塞的时间太久，以免增大局部感染的概率。鼻腔偶尔出血做局部填塞就可以了，如果是反复鼻腔出血就要从内调治了。

◎给大家推荐一个外治中药小处方：可用纱布条或医用棉球蘸少许的三七粉，轻轻塞入小儿出血的鼻腔，每次 4 ~ 6 小时，每天 1 ~ 2 次。许多药店有多种三七制剂，如三七胶囊，可以把胶囊里的三七粉倒出来用。

◎反复发生鼻腔出血的孩子，应以内治为主。一是内热大者，用"内热清解茶饮方"加白茅根 12 克，生地黄 10 克；二是大便干者，用"内热清解茶饮方"加生大黄 3 克，生白芍 6 克；三是食积者，用"食积消化茶饮方"加焦神曲 8 克，炒莱菔子 8 克。

◎若反复出血、反复发热、贫血，并且发生得越来越频繁，每次出血量也较大，应该及时到医院诊治，排除血液系统疾病，如白血病、再生障碍性贫血等严重疾病。

22.儿童多动症

（1）**什么是儿童多动症**：也叫注意缺陷多动障碍、轻微脑功能失调等，是一种较常见的儿童行为障碍综合征，孩子智力正常或基本正常。主要表现为动作过多，注意力不集中，情绪不稳定，冲动任性，有一定程度的学习困难，好发于 6 ~ 14 岁的孩子，学龄儿童发病率为 5% ~ 10%，到青春期以后逐渐减轻或消失，很少一部分成人再发病。

（2）**儿童多动症的发病原因**：阴阳失调和某些体质状态与儿童多动症有关联。

◎先天原因、父母孕期疾病等因素可能影响孩子，导致先天不足，阴虚阳亢。

◎多食肉类、煎炸、膨化食物，燥热内生，更容易发病。

◎运动不足，体能释放不够，内热比较大。

◎睡眠障碍，睡得少、睡眠质量差，或睡眠不规律，肝火旺盛。

◎食积，是因为食积胃肠，郁积化热，内热便干，容易发病。

◎患疳证的孩子，脾虚肝旺，容易发病。

◎情志不遂，精神压力大，过度紧张，或过度溺爱容易发病。

（3）儿童多动症的处理方法：

◎规避上面讲的相关影响因素。

◎保持足够的睡眠时间、睡眠节律和好的睡眠质量。

◎饮食方面，不偏食，少肉类，增加蔬菜、水果，多食莲子、百合。

◎增加运动，特别是增加户外运动，增加运动是重要的治疗方法，目的是将不自主的运动被主动运动所替代，释放孩子体能，增强体质。让孩子少玩手机、少看电视、少打电子游戏。

◎不要责骂，保持孩子心情愉悦，舒缓孩子紧张情绪。

◎可以参考小儿偏颇体质状态的茶饮方，儿童多动症多集中在热盛体、气虚体、积滞体、肝火体这些偏颇体质状态之中。

◎尽管叫儿童多动症，仍然不建议将其作为病去诊断，更不建议给予太多的药物治疗，调理机体状态是积极的治疗方法。

扫一扫
更精彩

23.小儿抽动障碍

（1）什么是小儿抽动障碍：也叫抽动秽语综合征、冲动性肌痉挛。临床表现为慢性、波动性、多发性运动肌抽搐，并不自主发出声响和语言障碍。大孩子多发，男孩子发病多于女孩子，约是女孩子的3倍。

（2）小儿抽动障碍的表现：主要表现为某个局部肌肉群突然快速复杂地抽动，比如眨眼、斜眼、扬眉、张口、努嘴、缩鼻等怪相，还可以有点头、摇头、斜颈、挺颈、扭脖、耸肩等现象。身体表现为挺胸、扭腰、腹肌抽动。四肢表现为搓手指、握拳、甩手、举臂、踮脚、抖腿、步态异常等。声响为喉中干咳声、清嗓子、吼叫、啊啊声、吭吭、喔喔、哼哼、嘘嘘声，或犬吠，也可能有秽语咒骂、随地吐唾沫等行为，上述表现可多可少，可有可无，发无定时，情绪紧张时更容易发病。

发病的机制类同多动症，而抽动障碍的情绪因素影响更大些。抽动障碍与多动症可有部分临床表现相类同，也就是说多动症可以伴有某些抽动障碍的临床表现，抽动障碍也可以伴有某些多动症的临床表现。

（3）小儿抽动障碍的处理方法：可以参考多动症的原则和方法，值得注意的是，保持情志调畅和增加运动在患儿的治疗中尤其重要。

24.小儿食物过敏

（1）什么是小儿食物过敏：是指孩子吃了某些食物，甚至是接触了某些食物，比如水果、蔬菜、鱼虾、肉类，出现过敏反应了。如出现荨麻疹、湿疹、皮肤瘙痒、腹泻、腹痛、呕吐等现象。孩子对某种食物有过敏反应，可能在食入过敏食物后很快出现，也可能数小时，甚至数十小时之后出现，当孩子出现过敏反应时要回忆一下近日吃过或接触过什么食物，以便明确过敏原。

（2）食物过敏的发病原因：食物过敏是因为对食物中的某些成分出现了免疫反应，是体内的免疫平衡出了问题。在中医看来，多数是脾胃功能出了问题，脾胃的消化功能异常了。中医调治小儿食物过敏，主要是调理脾胃，脾胃调和了，免疫也就平衡了，过敏也就消失了。

（3）孩子回老家就食物过敏的原因："一方水土养一方人"，孩子长期在居住地生活，适应了家里的食物特点，去了外地，特别是地域跨度比较大的地方，吃了平时很少吃的食物，比如海鲜、热带水果，或其他地方特色小吃等，就很容易出现过敏。所以说带孩子回老家、去外地时要注意让孩子吃的东西尽可能保持平时的饮食习惯，即使吃也应该少量逐步适应。当然，多数免疫功能好的孩子是很少有食物过敏现象的。

（4）吃同一种食物有时过敏，有时不过敏的原因：孩子对某种食物常常有时吃了过敏，有时吃了却不过敏，是让孩子吃还是不吃呢？如这次吃了芒果（杧果）没过敏，下次吃了出现过敏反应，芒果还是原来的芒果，而孩子此时的机体状态已经发生变化，不是过去的状态了。对孩子来讲，多是脾胃的运化功能这个时候不好了，所以这次才出现过敏反应。调理脾胃功能状态是解决问题的关键。

（5）孩子食物过敏的处理方法：孩子对某些食物过敏，一查过敏原，说是牛奶、鱼、虾过敏，医生要求禁食，让孩子这也不能吃，那也不能吃！其实，食物过敏是孩子自身免疫的问题，不能责怪于食物。过敏原检测的结果仅仅为我们对吃某些食物后留意过敏反应做参考，不能以此判定孩子对某种食物过敏，即使真的过敏了，也是机体本身的问题。比如孩子吃鸡蛋过敏，总不能怨鸡蛋吧！所以，只要不是很严重的过敏反应，通常是不赞同禁食！可以让孩子少吃些，逐步让机体适应，若是出现了过敏反应，就暂时不吃，等过敏反应消退了再吃，反复吃吃停停，很多过敏现象就慢慢消失了。完全禁食并不利于机体免疫系统的自我再平衡，甚至造成更多的食物过敏。如果孩子查的过敏原是牛奶过敏，医生让换吃水解奶粉，笔者的建议是不要轻易地吃水解奶粉！临床中长期吃水解奶粉的孩子的生长还是不如吃非水解奶粉的孩子，即使吃普通奶粉的孩子容易发生腹泻，也应调治孩子的肠胃，使孩子吃普通奶粉后不再发生腹泻，而不是完全回避。对奶粉过敏的孩子，调理脾胃是关键。

推荐一些调理脾胃功能的药物：①乳酶生、复合维生素 B、维生素 C。②小儿化积口服液。③大便不干者，参苓白术散。④大便干结者，肥儿丸或者用本书附录中的"处方1"和"处方3"。

扫一扫
更精彩

25.小儿湿疹

（1）**什么是小儿湿疹**：是指发生于小儿的炎症性、瘙痒性皮肤疾病，中医叫湿疮。小儿有 10% ~ 20% 的会得湿疹。临床上分急性、亚急性、慢性，慢性湿疹在疾病过程中也可以急性发作。湿疹可以出现在孩子身体的任何部位，比如四肢、胸部、腹部、耳部、眼周、外阴、肛门、手心和脚心。湿疹的疹子呈粟粒样大小，往往密集分布，也可见红斑、疱疹、渗出、结痂、皲裂、脱屑，多数瘙痒比较明显。

（2）**小儿湿疹的发病原因**：引起湿疹的原因目前还不太明确，但是多数专家认为与免疫功能紊乱有关。小儿发生湿疹可能与下列因素有关：

◎有过敏家族史、哮喘史、长期咳嗽、过敏性鼻炎的孩子更容易得湿疹。

◎高敏体的孩子更容易患湿疹。

◎在一些上学的孩子中，湿疹会受精神压力、情绪焦虑的影响而诱发或加重。

◎过食煎炸、膨化、油腻的食物也会诱发或加重湿疹。

◎睡眠不足的孩子会引起或加重湿疹。

◎接触某种化学物质、药物、某种食物、蚊虫叮咬都可能引起或加重湿疹。

（3）**小儿湿疹的危害**：宝宝患有湿疹后，会出现瘙痒症状，致使哭闹不停，甚至出现食欲不振、睡觉不安稳等，长期下去易引起营养不良、精神异常等病症。所以严重长期湿疹会影响孩子身高、体重的增长。小儿湿疹由于瘙痒厉害，患儿会抓挠湿疹部位，导致皮肤破损，继发感染。甚至有一些湿疹反复发作，患儿长期服用大量含有激素类药物，造成许多药物不良反应。高敏体的孩子更容易患湿疹，高敏体有一定的遗传倾向，父母有湿疹病史，孩子患湿疹的概率也会大。

（4）小儿湿疹的处理方法：

◎婴儿的湿疹如果不严重则无须治疗，随着年龄的增长，多数都可以自愈。但要注意的是不要给孩子捂盖得太多，应经常洗澡保持皮肤的清洁。孩子得了湿疹不能洗澡是错误观念，因为皮肤不清洁、出汗多反而会刺激皮肤更容易出疹子。保持孩子居住环境通风、干燥、朝阳。不要穿化纤、皮毛类的衣物。家里养宠物对患湿疹的孩子是不利的。

◎规避诱发湿疹的影响因素，比如上面讲的饮食、药物、情绪等。若是皮疹溃烂渗出，不要敷盖包扎，应保持局部皮肤透气通风。

◎湿疹患儿较适宜的食材有薏苡仁、百合、山药、荆芥、冬瓜、鲜梅豆角、白茅根。

◎外治方法，可以根据症状选择。无渗出者，可用本书附录中的"处方12"外涂，每天 2 ~ 4 次。

◎有渗出、溃烂者，先用本书附录中的"处方12"煎剂清洗创面，然后再用本书附录中的"处方13"干粉外敷，每天 1 ~ 2 次。若是不太严重，其他外用药物应慎用。

◎给大家推荐一个中药小处方：苍术 8 克，茯苓 10 克，生薏苡仁 10 克，连翘 8 克，蝉蜕 8 克，车前子 10 克，枳壳 8 克，姜半夏 6 克。若大便干结者，可加生大黄 3 克。煎煮服用，每周 3 ~ 5 剂。

26.小儿尿频

扫一扫
更精彩

（1）什么是小儿尿频：尿频是中医的一个病名，是指小儿小便次数增多，通常表现为小便频数、量少，多见于 3 ~ 6 岁的孩子。多种疾病可以引起小便次数增多，以尿路感染的最为常见。尿路感染引起的尿频，多表现为小便次数增多，滴沥不尽，常常伴有发热、外阴潮红，只要给孩子做个尿常规化验，多数就可以明确诊断了。还有一种尿频叫白天尿频综合征，也叫神经性尿频，多表现为小便的次数很多，量也比较少，常常是滴沥不尽，但入睡以后就消失了，情绪紧张的时候更加明显，多不伴有发热和外阴的异常，尿常规化验结果是正常的。

（2）小儿尿频的处理方法：

◎尿道感染引起的尿频，中医属于湿热下注。首先要保持外阴的清洁，多饮水，勤换内裤。给大家推荐一个中药小处方：生薏苡仁 10 克，车前子 10 克，黄芩 8 克，茯苓 10 克，苍术 8 克，白茅根 12 克。若是大便干结者加生大黄 3 克。每天 1 剂，连服 1 周，依据病情需要，可以用 1 ~ 3 个疗程。

◎神经性尿频，让孩子多做户外运动，在尿频的时候分散注意力，不要责骂，平时要多带孩子做一些欢快的游戏，舒缓孩子的紧张心情。给大家推荐一个中药小处方：蝉蜕 10 克，车前子 10 克，白茅根 12 克，生白芍 5 克，玫瑰花 5 克，生甘草 6 克。每周服 3 ~ 4 剂，通常 1 ~ 2 周即可。

27.新生儿黄疸

扫一扫
更精彩

（1）什么是新生儿黄疸：是指刚出生的小儿皮肤、巩膜等发黄，检查结果提示血清胆红素值显著升高。新生儿黄疸分生理性黄疸和病理性黄疸，生理性黄疸就是正常的黄疸，孩子出生 2 ~ 3 天开始，4 ~ 6 天达到高峰，以后再慢慢消退，通常 2 周内就消退完了。如果是孩子母乳比较晚，或有腹泻、呕吐、缺氧、肺炎等情况，黄疸的消退会延迟。病理性黄疸是指这种黄疸是某种疾病导致的，属异常的黄疸，应该及时就医诊治。

（2）新生儿生理性黄疸和病理性黄疸的区别：

◎若是黄疸持续时间超过 2 周，而且黄疸消退慢，甚至还越来越重，这应该考虑是病理性黄疸。

◎出生后 2 天以内就出现黄疸的大多也属于病理性黄疸。

◎早产儿、低体重儿的黄疸会持续时间稍长些，只要不严重，暂时不要考虑病理性黄疸，更不需过多地治疗。

（3）新生儿黄疸的治疗：如果黄疸超过 2 周不退，孩子没有什么不适的现象，而且黄疸是逐渐减轻的趋势，让孩子多晒太阳，给孩子加喂些葡萄糖水就可以了，无须过多地干预治疗。如果黄疸伴腹泻，其黄疸消退会较慢，应该治疗腹泻，不要用苦寒凉药去退黄，否则腹泻加重，反而使黄疸消退更慢，可以用热盐包经常给孩子热敷肚子，并及时治疗腹泻。

（4）母乳性黄疸的诊断要慎重：有些孩子黄疸消退得慢，加上孩子大便次数多，有时候医生会诊断为母乳性黄疸，并限制母乳的喂养，这是欠妥的！通常只要黄疸不严重，孩子饮食、精神正常，不要限制母乳喂养，可以让孩子吃些乳酶生片，促进消化功能，也可以用热盐包给孩子热敷肚子，每天 2 ~ 3 次。妈妈肠胃功能不好容易引起孩子母乳性腹泻。

（5）不宜长时间使用退黄的中成药：因为这些中成药大多药性寒凉，长期使用会伤及孩子的肠胃，引起腹泻，黄疸反而消退得更慢。而且若长时间腹泻，会造成免疫功能低下，日后就容易患呼吸道疾病。

（6）照蓝光是治疗黄疸的方法之一：虽然蓝光是治疗新生儿黄疸的有效方法，但是不能长时间地照射，有些孩子会因此引起腹泻，这反而不利于黄疸的消退。对于轻度黄疸，仅做些日光浴即可，就是多晒太阳就行了。

（7）给大家推荐一个治疗黄疸的中药药浴小处方：青蒿 15 克，车前草 15 克，薄荷 10 克。用水煎煮，然后调水温到适宜的温度，给孩子泡泡澡，每天 1 次，黄疸减轻后也可以隔天 1 次。

（8）**给大家推荐一个退黄的茶饮小处方**：生薏苡仁 10 克，茯苓 8 克，蝉蜕 6 克。煎煮 10 分钟后少量频服，也可以加少量的葡萄糖服用。

28.小儿麦粒肿

（1）**什么是小儿麦粒肿**：是指小儿的眼睑腺体感染、化脓，也叫睑腺炎，中医叫针眼，常常表现为小儿的眼睑肿硬、化脓、溃烂，可以发于单侧，也可以双侧都有，许多小儿麦粒肿有反复发作的特点。

（2）**小儿麦粒肿处理要注意的几个问题：**

◎对于反复多次发作者，要以内调为主，局部外治为辅。

◎对于化脓且脓疱成熟的可以切开排脓，然后局部再涂些抗生素，内服抗生素要少用，或者是不用。

◎外科切开不可反复多次，以免影响小儿眼睑组织正常发育，应以内治为主，减少复发。

◎患麦粒肿的孩子饮食要少肉、少奶、少膨化、少煎炸、少辛辣、少干果类的食物。

◎给大家推荐一个中药小处方：生黄芪 10 克，生薏苡仁 10 克，黄芩 8 克，青蒿 5 克，车前子 10 克，炒牵牛子 6 克，菊花 5 克。每日 1 剂，水煎服，煎 3 次服 3 次，依据病情可以连用 5 ~ 10 天。大便干结者加生大黄 3 克，后下。煎服方法见本书附录中的"煎煮和用法 4"。

29.小儿寻常疣、小儿扁平疣、小儿传染性软疣

（1）**什么是小儿寻常疣**：是指好发于手背、手指、足、甲缘处以及面部的皮肤赘生物，中医叫刺瘊、瘊子，是感染了一种人乳头瘤病毒引起的。寻常疣呈针头到

豆子大小，圆形，呈灰褐色或灰黄色，表面粗糙，高低不平，可多可少。

（2）什么是小儿扁平疣：也是由病毒感染引起的皮肤赘生物。与寻常疣一样，通过搔抓破溃以后，可以使病毒自行接种到其他部位而发生。多见于面部、手背，少数也可以见胸前、前臂、颈项、下肢，有时候可以和寻常疣同时存在。中医叫扁瘊，皮疹特点是小丘疹样，粟粒样大小，扁平稍硬，表面光滑，稍稍高出皮肤，呈红色、淡褐色或深褐色，一般数目较多，稍微瘙痒。

（3）什么是小儿传染性软疣：同样是一种皮肤或黏膜感染上病毒的皮肤病。能相互传染，也可自身传染，多见于前胸、后背、前臂、面部、臀部、阴囊等地方。皮疹特点是半球形隆起，中有脐窝，表面光滑，形状相似鼠乳，中医叫鼠乳，也叫水瘊子。由痘病毒科的传染性软疣病毒感染引起，皮疹可发生在身体的任何部位，初为半球形丘疹，由米粒大小逐渐增大如豌豆样，呈灰白色、乳白色或正常肤色，表面光滑，中央有脐状的凹陷，用针刺破丘疹表面可以挑出白色乳酪样的颗粒。

（4）三种特点相近疣的治疗：这三种疣都是较为常见的皮肤疾病，都是由不同的病毒感染引起的，皮疹类似，处理方法也相近。

◎数目少者可以用消毒针刺破至稍稍出血，再用本书附录中的"处方12"外涂，每天涂3～4次，隔天刺破1次。

◎反复发作，数目比较多的应以内调为主。给大家推荐一个中药小处方：生薏苡仁15克，连翘8克，蝉蜕6克，赤芍6克，金银花6克，车前子10克，茯苓10克。水煎服，每日1剂。煎服方法见本书附录中的"煎煮和用法2"，每周3～4剂。

30.小儿缺钙

（1）什么是小儿缺钙："小儿缺钙"不是一个规范的病名，指的是因为维生

扫一扫
更精彩

素 D 缺乏的慢性营养缺乏性佝偻病，主要表现为多汗、夜啼、夜惊、烦躁、枕部头发稀疏缺少、肌肉松弛、容易感冒、囟门迟闭，甚至出现鸡胸、肋骨外翻、下肢弯曲等骨骼畸形的变化。多发生于 3 岁以内的小孩，6 ~ 12 个月内的孩子最常见。冬春季节更容易发病。

（2）小儿缺钙的原因：

◎怀孕期间，孕妇钙元素的摄入不足，或者吸收不好，或日光照射不够会造成胎儿缺钙，出生以后很快就表现出缺钙的症状。

◎出生后小孩饮食的原因，比如辅食添加不及时、偏食，或经常腹泻影响钙的吸收。

◎出生后孩子日照不足，影响维生素 D 的合成，进而影响钙的吸收。

（3）小儿缺钙的注意点：

◎应饮食多元化，不能偏食，孩子在 4 ~ 6 个月的时候要及时添加辅食。

◎多到户外活动，经常做日光浴，尤其出生在冬季的孩子更应该多接受日光的照射。

◎让孩子适当多吃海鱼、动物肝脏、蛋黄、牛奶等富含维生素 D 的食物，但是不能过度，否则会造成食积，反而影响肠道钙的吸收。

◎对慢性腹泻、肠胃吸收不好的孩子，关键是调理脾胃，而不是单单地补钙、补维生素 D，这样其实也是补不上去的。

◎出现多汗、夜惊、烦躁的孩子不一定都是缺钙，食积的孩子也会出现这些症状，应进一步明确诊断以后再补充钙剂和维生素 D。

◎那么多补充钙的品种，选择哪一种好呢？如果确诊是孩子缺钙了，适当地给孩子补充些维生素 D 和钙元素是正确的。普通的维生素 D 和钙片就可以，价格高的不一定就好。

◎缺钙了不好，补过度了更不好！某些钙剂补多了，会引起小儿便秘，内热增加，反而不利于孩子健康。

◎牙齿的生长或换牙不好是缺钙引起的吗？不一定都是因为缺钙。很多时候牙齿长得不好是因为肠胃功能不好，出牙慢、牙齿发黄、发黑、换牙慢等都可能是肠胃的问题，治疗的关键是调理肠胃功能。

31.小儿生长缓慢

扫一扫
更精彩

（1）**什么是小儿生长缓慢**：除去疾病引起的生长缓慢，大多小儿生长缓慢不属于病态，生长缓慢只是个相对的概念。孩子生长快慢有个体之间差异的，某个时期孩子长得慢或快都属于正常，这里要聊的生长缓慢是指孩子比同龄的孩子长得明显慢。

（2）**孩子生长缓慢的原因**：

◎饮食原因。吃得少，吃得偏。通俗地讲就是挑食。

◎吸收不好。虽然吃得多，但不长膘、不长个儿，多数是因为肠道对营养物质的吸收出现了障碍。

◎睡眠不足。足够和高质量的睡眠有助于孩子的生长。孩子经常熬夜或者睡觉多梦、哭闹、夜眠不安等，都会影响孩子的生长。

◎运动不足。运动时间和运动的强度不足会影响孩子的生长，特别是身高的生长，多动才长个子。

◎反复有病会影响孩子的生长，比如说经常感冒、发热，长期咳嗽，都会影响孩子的生长。

总之，吃好、睡好、玩好才能长好，详细内容可参见"孩子生长的第二个坎儿"。

（3）**小儿生长缓慢的常见问题**：

◎孩子长得矮是因为父母的原因吗？遗传对孩子身高是有影响的，但不是绝对的！有些孩子长得高，但父母并不高，所以无论父母高矮，后天的影响也很大。

◎孩子长得慢能打生长激素吗？通常因为生长激素分泌不够而生长缓慢的孩子非常少，打生长激素要慎重！

◎孩子生长缓慢能调理吗？是可以调理的。通常以调理脾胃为主，中医认为"脾胃为后天之本""脾胃为气血生化之源""脾主肌肉四肢"，生长和脾胃密切相关，所以说调理脾胃是促进孩子生长的重要方法。春天是万物生长的好季节，对孩子也是这样，因此，这个季节调理更好些。

◎生长缓慢需要补一补吗？孩子生长缓慢不能乱用各种补品。孩子长得慢，家长着急，给孩子吃各种补品，结果是孩子个子没长，却补出了许多副作用，所以一定要慎重给孩子吃补品！

扫一扫
更精彩

32.小儿肥胖症

（1）什么是小儿肥胖症：是指小儿的体重超过正常同龄孩子标准体重20%以上的异常状态。如果是体重超过标准体重的30%，叫中度肥胖。超过标准体重的50%叫重度肥胖。在实际临床中，当孩子的体重超过标准体重的15%就该引起重视了。随着人们生活水平的提高，加上饮食、生活、运动不合理，肥胖孩子的人数在不断上升。肥胖是一种病，家长们不应该忽视，觉得孩子胖些没什么的观点是错误的！

（2）小儿肥胖症的危害：小儿肥胖，特别是中重度肥胖会给孩子带来许多健康问题！

◎肥胖可以影响孩子的生长，体重增长过快会引来身高增长的相对缓慢。

◎肥胖可以引起免疫功能紊乱，导致孩子反复生病、过敏，特别是呼吸道疾病，如咳嗽、哮喘等。

◎肥胖可以导致孩子的感统协调能力、运动协调能力弱于正常小孩。

◎肥胖可以造成内分泌紊乱及代谢紊乱，或影响孩子第二性征的发育，导致性早熟、糖尿病、血脂高等。

◎肥胖可以导致孩子智力以及反应能力低于正常儿童。

◎肥胖是小儿成人后糖尿病、高血压、肥胖症的高危因素。

◎肥胖可能引起孩子心理异常，如自卑、抑郁、交流障碍等。

（3）小儿肥胖症的发病原因：

◎饮食因素。饮食不节制，暴饮暴食造成胃容量扩大，食欲亢奋。过食油腻、甜食也容易引起肥胖症。

◎运动因素。运动时间和强度不够，吃得多、动得少。越肥胖越不愿意运动，越不愿意运动越肥胖。

◎遗传因素。父母肥胖会增加孩子肥胖的概率。

◎脾胃因素。孩子脾胃运化功能异常会造成吸收、能量代谢过度，特别是脂肪代谢异常，往往表现为吃得多、拉得多。在中医看来这是因为脾胃虚弱，运化失职所导致的。这就是为什么肥胖儿单单靠节食、运动减肥效果比较差，而且容易反弹的主要原因。

特别提醒：肥胖症单靠运动、节食收效小，反弹快，只有调理好脾胃，使脾胃的运化功能正常，减肥才能效果持久。

（4）小儿肥胖症的处理方法：

◎充分重视孩子体重超标的危害，从轻度肥胖就开始采取措施，越胖越难以控制。

◎消除孩子的自卑心理，在孩子面前不要频繁提及肥胖，做到心里清楚，正确引导孩子建立良好的饮食、生活、运动习惯就可以了。

◎饮食有节，不提倡过度节食，关键要做到按时吃饭，饮食有规律。以米、面食为主，肉蛋类为辅，可以吃些牛肉、海鱼、鸡蛋等。忌过度食用油腻、甜食以及煎炸食物，奶量也不宜过多。适量食用水果，而且要在餐后吃，不要用水果作为胃饱胀感的主要填充食物，否则会伤及脾胃，引起吸收异常。忌食碳酸饮料、冷食，养成吃热饭的习惯。

◎运动管理。快走、游泳是推荐给肥胖儿的主要运动方式。游泳有浮力，会提升孩子的运动强度和持久时间，减少关节磨损。

◎给大家推荐一个中药小处方：太子参 8 克，炒白术 8 克，炒薏苡仁 10 克，炒白扁豆 8 克，黄芩 8 克，姜半夏 8 克，连翘 8 克，木香 10 克，炮姜 6 克，枳壳 8 克，葛根 10 克，生甘草 6 克。每周服 4 剂，4 周为 1 个疗程。煎服方法见本书附录中的"煎煮和用法 2"。

33.小儿考试综合征

扫一扫
更精彩

（1）**什么是考试综合征**：是指学龄儿童，特别是初中、高中的大龄孩子，在考试前后、考试中发生的一系列非健康表现或易疾病现象，有人把这种现象称为考试综合征。其临床表现是孩子在考试前后或考试期间出现较严重的紧张或恐惧心理，伴有面色潮红、全身出汗、两手发抖、心悸胸闷、头晕脑涨、注意力难以集中、思维迟钝等，甚至可能出现恶心、呕吐、腹痛、腹泻、尿频、尿急，严重者可大汗淋漓、头脑轰鸣、手指震颤甚至虚脱、昏厥。之所以用综合征表述是指临床表现多种多样，较为复杂。

（2）**考试综合征的判断**：

◎与文化考试、文化竞赛密切相关，多发生在考试前后、考试中，严重的甚至可以延续到考试后。

◎绝大部分孩子在考试结束后，症状会不同程度地自行缓解或消失，待到下次考试会再次发生。

◎主要表现为焦虑、紧张、急躁、易怒，注意力不如以前集中，记忆力比平时下降，不思学习、学习效率低、考试发挥失常，食欲不振、腹胀、呕吐、倦怠乏力、精神不振、气短胸闷、头痛头晕、手指震颤，甚至虚脱、昏厥，总感觉燥热、尿黄、汗多、面色潮红、喜冷饮，比平时更容易感冒、发热、腹痛、便秘、口腔溃疡等。

（3）考试综合征的发病原因及处理方法：

◎考试压力大，特别是来自学校和家长的压力大，加上孩子平素心理承受能力较低。建议越是考试越应该舒缓孩子的压力，平时多训练。

◎平时体质虚弱，耐受力差。及时调理孩子的体质状态，好体质是抗压能力强的重要基础。

◎睡眠障碍、运动不足。适度运动有利于孩子的气血流通，使心脑供氧充足。睡眠时间充足和睡眠质量好有利于孩子能量储备和反应能力。

◎饮食不节制会影响孩子考试时期的健康状态。考试期间，家长为了给孩子加强营养，往往给孩子高蛋白质、高脂肪的食物，导致其消化吸收困难，食积肠胃，体内"垃圾"蓄积。由于孩子在考试期间情绪紧张，容易生内热，甚至引起肝火旺盛，所以，这期间还是应普通饮食，动物、奶类食物不宜吃太多，应以素食为主，适当加一点牛肉、海鱼、鸡蛋等。

考试期间饮食注意以下几点：要多吃热食、忌冷食。多汤、粥，少干燥食物，每餐都应配以汤、粥。少煎炸、油腻食物。比平时稍多些甜食。水果适量，放在餐后吃。多饮水，少饮料，可以喝些绿茶、花茶，如茉莉花茶、玫瑰花茶等。

◎给大家推荐一个食疗方：大米或者小米适量，莲子（带芯），百合，少许的小苏打。煮粥食用。也可加少许的桂花，少许的蜂蜜。

◎给大家推荐一个小茶饮方：绿茶适量，金银花3克，菊花5克，白茅根10克。每日1剂，煎水茶饮。也可以加玫瑰花2～3朵。

◎给大家推荐一个中药小处方：生黄芪10克，生地黄10克，蝉蜕6克，车前子10克，生薏苡仁10克，茯苓8克，益智仁8克，黄芩6克，陈皮8克，薄荷6克，青蒿8克，生甘草6克，大便干结者加生大黄3克。每周3～4剂，每天2～3次，考试前1个月开始服用。煎服方法见本书附录中的"煎煮和用法2"。

附录

1.处方

处方 1　食积消化茶饮方

茯苓 10 克　生栀子 10 克　槟榔 6 克　炒牵牛子 6 克　炒麦芽 10 克
枳壳 6 克

处方 2　体弱调理茶饮方

太子参 6 克　炒白扁豆 10 克　生栀子 10 克　焦神曲 10 克　槟榔 10 克
炒牵牛子 6 克

处方 3　内热清解茶饮方

白茅根 15 克　炒牛蒡子 10 克　生大黄 3 克　车前子 15 克　生栀子 10 克

处方 4　高敏调理茶饮方

生黄芪 10 克　生薏苡仁 10 克　蝉蜕 6 克　连翘 8 克　白茅根 15 克

处方 5　肝火调理茶饮方

青蒿 8 克　炒白芍 3 克　菊花 5 克　玫瑰花 2 克　生甘草 5 克

处方 6　痰湿调理茶饮方

茯苓 8 克　陈皮 3 克　炒苏子 5 克　炒莱菔子 6 克　炒薏苡仁 8 克

处方 7　怯弱调理茶饮方

茯神 8 克　蝉蜕 3 克　太子参 3 克　白茅根 10 克　生甘草 3 克

处方 8　阳虚调理茶饮方

艾叶 3 克　吴茱萸 3 克　木香 3 克

处方 9　亚健康方

　　槟榔 10 克　焦神曲 10 克　黄芩 10 克　炒白扁豆 10 克　茯苓 10 克
生栀子 10 克　炒牵牛子 6 克

处方 10　咳嗽茶饮方

　　蜜炙款冬花 3 克　蜜炙紫菀 3 克　蜜炙批杷叶 6 克

　　主治：寒热咳嗽。

　　用法：每天频服。

处方 11　三叶足浴方

　　艾叶 30 克　苏叶 10 克　枇杷叶（生）10 克

　　主治：喉痒咳嗽较重者。

　　用法：将上药切碎用药袋装好，把装好的药袋加水适量煎煮 10 分钟后，倒入泡脚桶里，再倒一些热水，以泡脚时水能超过踝关节为宜。泡到全身微微出汗，不能大汗，每天 1 次，连泡 2 ~ 3 次，同时要多喝温开水，不吃寒凉的食物，注意休息，咽喉部的不适会明显好转或消失。

处方 12　复方百部煎

　　黄连 10 克　生百部 15 克　苍术 15 克

　　主治：外科疮疡、湿疹、唇炎、中耳炎、鼻塞不通等。

　　用法：详见煎煮和用法 3。

处方 13　复方百部方配方颗粒剂

　　黄连 3 克　生百部 10 克　苍术 6 克

　　主治：外科疮疡、湿疹、唇炎、中耳炎等有渗出者。

　　用法：按组成的剂量比，若用量大者可以同比例增加。将配方颗粒剂再碾成更细的粉末，撒敷患病处。

处方 14　山药百合小米粥

山药　百合　胡萝卜　小米　小苏打（各适量）

主治：小儿体质弱，兼肺脾虚弱者。

用法：小苏打同其他食材一起下锅。先大火煮 10 分钟左右，再小火慢煮 20 ~ 30 分钟。

处方 15　山药荸荠糯米粥

山药　荸荠（也可用莲藕或莴笋）　生薏苡仁　糯米　小苏打（各适量）

主治：小儿体质弱，兼内热者。

用法：小苏打同其他食材一起下锅。先大火煮 10 分钟左右，再小火慢煮 20 ~ 30 分钟。

处方 16　婴泻颗粒

炒白术 10 克　茯苓 10 克　炒山药 10 克　炒薏苡仁 10 克　车前草 15 克

2.煎煮和用法

煎煮和用法 1　适用于需要用水煎煮的中草药。

将每剂中药用凉水浸泡不少于 30 分钟，在冬季可以头一天晚上就将药用凉水浸泡。加水的多少取决于中药材的数量、质地以及吸水量，通常先加凉水至埋没中药，待完全吸入浸透以后，再看一看水的多少，如果水少就再加些，如果水多就不再加了。浸泡以后用火煮开 5 分钟即可，火的大小以煮开以后药液不溢出来为度。锅盖可以稍留个小缝，不要完全打开，避免某些中药中的有效成分挥发出去。煎煮 5 分钟以后关火，不要马上服用，闷泡到适宜温度以后再滤出药液服用。滤出后随即再加上凉水浸泡至下一次煎煮时间。每剂药每天煎 3 次服 3 次，现煎现喝，不要煎 2 次或者 3 次兑到一起再分开喝。这样保持药效的第 1 次浓度最高，第 2 次次之，第 3 次浓度最低，等到第 2 剂的第 1 煎的时候浓度又提上去了。对于感冒发热、严重咳嗽、急性扁桃体炎的孩子头一两天可以少量频服，就是 1 剂药 1 天煎 3 次分 6 次服，每煎 1 次分 2 次服，等病情稳定了以后再恢复到每天服 3 次。

服药常关注的问题：①饭前饭后都可以。②可以加适量的调味剂，如糖、蜂蜜。③调理孩子身体的中药，在打预防针期间不影响服用。④煎煮中药用的容器，除了铜锅、铁锅、铝锅不能用以外，像搪瓷锅、不锈钢锅、砂锅都可以。

煎煮和用法 2　通常适用于调理性的中草药。

煎煮方法、加水及注意事项与"煎煮和用法 1"相同。不同的是煎煮开以后要保持 15 分钟，然后关火闷泡至适宜温度服用。每天 3 次，也是现煎现喝。

煎煮和用法 3　适用于外用的"处方 12 复方百部煎"。

将药放入一个小些的煎煮容器中，用水浸泡 30 分钟以上，煎煮 15 分钟，放至适宜温度以后外用。每天 2 ～ 4 次。每剂药可以用 3 ～ 5 天，每天将药加热煮沸 1 次，药渣始终不要滤出，也可以将煎好的药放入冰箱冷藏室待用，再次用的时候加热一下。

煎煮和用法 4　适用于生大黄，凡是中草药处方中有生大黄的，生大黄会另包，通常中药师会让你后下，意思就是等其他药煎煮到最后 5 ～ 10 分钟后再加入生大黄。

你拿到另包的生大黄是所有中药的总量，比如开了 6 剂中药，另包的生大黄就是 6 剂的总量，通常将大块的掰成小块，然后均分 6 等份，就是有几剂药分几份，每剂药中放 1 份共同煎煮。生大黄具有通便、清热、泻火的作用，每个孩子对大黄的反应不一，因此，另包便于家长根据孩子大便的次数而灵活掌握用量，比如孩子大便次数过多，那生大黄就可以少放一些。

煎煮和用法 5　适用于外用洗浴、沐足的中药。

将中药浸泡 30 分钟以上，根据孩子年龄的大小可以多加些水，煮开锅 15 分钟将药渣滤出，然后加热水至合适的量及适宜的温度，给孩子洗浴或沐足。如果是高热的孩子，初期水温可以低于当时腋温 1℃，比如腋温是 39℃，那最初水温控制在约38℃，给孩子洗浴至微微汗出。如果孩子体温39℃以上，四肢发凉，水温适度高一些。通常洗浴的时间是15～20分钟。沐足的水量要超过踝关节，逐渐加温，直至孩子微微汗出。

煎煮和用法6 适用于中药配方颗粒剂。

○每天1剂，开水溶解，若溶解不充分可再次加热，不满3岁的小儿每天分2～3次服用，3岁以上者每天分1～2次服用。

○饭前饭后均可，可加适量的调味品，如糖、蜂蜜。

○若1次服完者，宜在下午或晚上服用。

○依据医生建议，通常每周服4～5天，休息2～3天。4周为1个疗程。

温馨提示：处方1至处方16中的药物剂量适用于3岁以上孩子。

聊在书后

　　作为父母，生儿育女，养育孩子是本能、是义务。在笔者看来，养好孩子是父母的责任，但把孩子真正地养好体现的是父母的智慧。把孩子培养成阳光男孩或青春少女需要父母付出很多精力。每个父母为了让自己的孩子更优秀，重视培养孩子文化知识和技能，却忽视了身体健康，尤其是整体健康，忽略了那个让所有"0"都有意义的"1"。作为专业的儿科医生，很想给家长们分享一些育儿知识，希望家长能从分享中受益，哪怕是一点点受益也好，并为此让孩子日后代表健康的"1"更加粗壮。"孩子生长的第一个坎儿"强调从小重视孩子健康，要从备孕期开始，忽略备孕期可能在日后出现健康问题。"孩子生长的第二个坎儿"强调的是孩子整个童年时期的"吃、喝、拉、撒、睡、玩"，就像庄稼的田间管理一样。孩子的健康与生活密切相关，是保证孩子童年健康成长的重要因素。对照一下生活中的"所作所为"，看看有哪些误区。学习"孩子生长的第二个坎儿"是正确养育孩子的关键。"孩子生长的第三个坎儿"是让父母了解一些"应知、应会"的与小儿常见疾病相关的知识，所谓"应知"，是指作

扫一扫
更精彩

为家长应当识别的小儿常见病和某些重病的信号，应当了解的不是特殊深奥的医学专业知识。所谓"应会"，是教大家一些家庭中力所能及的处理小儿常见病的方法和技巧，使一些小病、轻病在去医院前就能得到解决，避免小病大治，少些医源性、药源性的不良影响。同时，在"孩子生长的第三个坎儿"中表达了一些笔者在临床中的观点，回答了一些家长们经常提及的问题。父母才是孩子的第一任保健医生，父母学得好、做得好，孩子才可以长得好！

人体是一个非常复杂的系统，医学又是一个不断实践的科学，基于本人知识能力所限，书中难免会有不足之处，欢迎大家批评指正！

侯江红